ROWCLIFFE-BARKER
ET FILS,
Rue d'Elbeuf, 104,
ROUEN.

FONTE DE FER

CATALOGUE DE MODÈLES

à l'usage des Constructeurs-Mécaniciens et des Établissements Industriels

ROWCLIFFE-BARKER
ET FILS
Rue d'Elbeuf, 104,
ROUEN

FONTE DE FER
DE
CATALOGUE DE MODÈLES

À l'usage des Constructeurs-Mécaniciens et des Établissements industriels

ROUEN
IMPRIMERIE DE E. CAGNIARD

ROWCLIFFE-BARKER
ET FILS
Rue d'Elbeuf, 104,
ROUEN

FONTE DE FER

CATALOGUE DE MODÈLES

à l'usage des Constructeurs-Mécaniciens et des Établissements

ROUEN
IMPRIMERIE DE E. CAGNIARD

ROUEN.

Roues droites à Alvéoles.

NUMÉROS d'ordre.	DIAMÈTRE.	LARGEUR.	BRAS.	POIDS approximat.	NUMÉROS d'ordre.	DIAMÈTRE.	LARGEUR.	BRAS.	POIDS approximat.
1	4m040	0m315	s/bras	4,100 kil.	31	1m600	0.180	6	635 kil.
2	3.970	0.242	8	3,545 »	32	1.550	0.220	6	680 »
3	3.870	0.350	4	4,505 » tte croisillon.	33	1.550	0.152	6	310 »
					34	1.520	0.165	6	380 »
3 B	3.480	0.157	8	1,280 »	35	1.520	0.210	6	640 »
4	3.290	0.190	8	2,250 »	36	1.445	0.135	6	280 »
5	3.260	0.210	8	1,720 »	37	1.430	0.130	6	240 »
6	2.990	0.265	8	2,400 »	38	1.255	0.135	6	265 »
7	2.980	0.190	8	1,445 »	39	1.205	0.180	6	225 »
8	2.910	0.168	8	1,170 »	40	1.150	0.210	6	290 »
9	2.900	0.220	8	1,250 »	41	1.140	0.135	6	180 »
10	2.875	0.165	8	1,100 »	42	1.125	0.160	6	285 »
10 B	2.860	0.140	8	845 »	43	1.105	0.212	6	385 »
11	2.645	0.360	8	2,900 »	44	1.040	0.240	6	440 »
12	2.640	0.240	8	2,000 »	45	1.035	0.215	4	375 »
13	2.580	0.200	8	1,325 »	46	1.020	0.215	4	260 »
14	2.570	0.135	8	750 »	47	0.975	0.105	6	145 »
15	2.570	0.240	8	1,420 »	48	0.975	0.060	6	92 »
16	2.555	0.218	8	1,200 »	49	0.965	0.205	6	200 »
17	2.465	0.187	8	840 » roue intérieure.	50	0.950	0.165	6	230 »
18	2.450	0.190	8	760 »	51	0.950	0.120	6	145 »
18 B	2.420	0.150	8	580 »	52	0.940	0.165	6	210 »
19	2.255	0.165	6	625 »	53	0.940	0.140	6	155 »
20	2.250	0.120	6	390 »	54	0.930	0.190	6	299 »
21	2.250	0.175	8	850 »	55	0.895	0.125	6	155 »
22	2.080	0.210	6	750 »	56	0.870	0.190	s/bras	220 »
23	2.010	0.145	6	470 »	57	0.865	0.155	4	185 »
23 B	2.000	0.125	6	350 »	58	0.850	0.140	4	125 »
24	1.780	0.155	6	400 »	59	0.835	0.120	4	90 »
25	1.930	0.172	8	620 »	60	0.745	0.110	6	130 »
26	1.930	0.157	6	550 »	61	0.690	0.160	4	145 »
27	1.900	0.245	6	870 »	62	0.675	0.180	s/bras	165 »
28	1.930	0.120	6	430 »	63	0.640	0.160	4	150 »
29	1.890	0.210	6	700 »	64	0.610	0.140	4	120 »
30	1.710	0.170	6	650 »	65	0.690	0.120	4	135 »

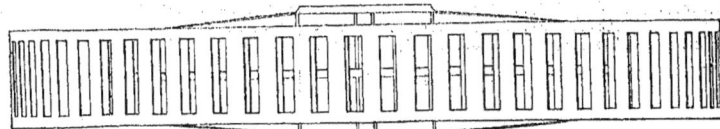

Nota. — Tous les engrenages de petites ou grandes dimensions qui ne figurent pas dans le catalogue, seront fournis sur mesures données, moyennant une légère augmentation de prix.

Roues droites à dents en fonte, denture à tailler.

NUMÉROS d'ordre.	DIAMÈTRE.	LARGEUR.	PAS.	DENTS.	BRAS.	POIDS.
101	2m960	0m132	56 m/m	167	8	855 k.
102	2,630	0.140	56	148	8	675 »
103	1,980	0.135	56	112	6	460 »
104	1,965	0.125	51	120	8	420 »
105	1,960	0.095	35	175	8	270 »
106	1,900	0.160	78	76	6	550 »
107	1,800	0.145	64	88	8	470 »
108	1,775	0.205	93	60	6	900 »
109	1,650	0.175	78	66	8	545 »
110	1,650	0.143	57	90	6	365 »
111	1,410	0.225	102	43	6	350 »
112	1,400	0.160	64	68	6	280 »
113 A	1,390	0.155	62	70	6	265 »
113 B	1,365	0.175	80	54	6	528 »
114	1,355	0.150	48	88	6	240 »
115	1,350	0.180	80	52	6	465 »
116	1,320	0.300	102	40	6	1,340 »
117	1,315	0.175	64	64	6	560 »
118	1,310	0.160	59	70	6	540 »
119	1,310	0.125	64	64	6	250 »
120	1,300	0.170	78	52	6	470 »
121	1,245	0.310	102	38	6	1,020 »
122	1,255	0.230	86	45	6	520 »
123	1,175	0.175	75	49	6	430 »
124	1,150	0.145	64	56	6	250 »
125	1,150	0.122	51	70	6	180 »
126	1,135	0.140	59	60	6	225 »
127	1,110	0.160	79	44	6	215 »
128	1,110	0.148	64	54	6	260 »
129	1,100	0.175	75	46	6	330 »
130	1,085	0.210	85	40	s/br.	340 » oul à 8 pans.
131	1,040	0.225	76	43	6	340 »
132	1,010	0.150	62	51	6	220 »
133	1,000	0.190	78	40	6	280 »
134	1,000	0.155	64	49	6	200 »
135	0,990	0.135	55	56	6	175 »
136	0,999	0.060	32	98	6	85 »
137	0,985	0.135	55	56	6	160 »
138	0,985	0.145	67	46	6	170 »
139	0,985	0.143	57	54	6	190 »
140	0,985	0.105	48	64	6	110 »

Les engrenages dont les dimensions ne figurent pas au Catalogue seront fournis d'après les plans ou les dimensions qui nous seront transmis.

Roues droites, denture à tailler. (Suite.)

NUMÉROS d'ordre.	DIAMÈTRE.	LARGEUR.	PAS.	DENTS.	BRAS.	POIDS.
141	0m980	0m190	77m/m	40	6	270 k.
142	0.970	0.196	84	36	4	280 »
143	0.965	0.173	72	42	6	245 »
144	0.950	0.115	50	58	6	140 »
145	0.917	0.175	68	42	6	255 »
146	0.915	0.140	55	52	6	140 »
147	0.910	0.162	75	38	4	260 »
148	0.900	0.130	78	36	4	130 »
149	0.900	0.124	64	44	s/br	140 »
150	0.885	0.140	59	47		130 »
151	0.860	0.165	71	38	4	195 »
152	0.860	0.070	34	80	4	50 »
153	0.830	0.130	58	45	4	310 »
154	0.825	0.170	65	40	6	220 »
155	0.820	0.165	71	36	4	180 »
156	0.825	0.075	43	60	4	55 »
157	0.820	0.130	64	40	6	115 »
158	0.815	0.170	77	33	s/br	170 »
159	0.815	0.133	57	45	4	115 »
160	0.810	0.200	72	35	6	270 »
161	0.795	0.135	64	39	4	160 »
162	0.785	0.200	68	36	6	255 »
163	0.780	0.160	64	38	4	205 »
164	0.780	0.120	64	38	6	125 »
165	0.770	0.103	48	50	4	90 »
166	0.745	0.135	56	48	4	110 »
167	0.745	0.162	66	36	4	150 »
168	0.735	0.167	72	32	4	140 »
169	0.735	0.135	57	40	6	120 »
170	0.720	0.175	81	28	4	130 »
171	0.670	0.153	64	33	4	105 »
172	0.660	0.130	45	46	4	90 »
173	0.655	0.135	57	36	4	100 »
174	0.655	0.123	51	40	4	80 »
175	0.650	0.166	70	29	4	130 »
176	0.650	0.150	85	24	4	140 »
177	0.650	0.145	64	32	4	95 »
178	0.646	0.110	48	42	4	70 »
179	0.615	0.120	57	34	4	75 »
180	0.605	0.083	48	44	4	60 »

Les engrenages dont les dimensions ne figurent pas au Catalogue seront faits sur les plans ou dimensions qui nous seront fournis.

Roues droites, denture à tailler. (Suite.)

NUMÉROS d'ordre.	DIAMÈTRE.	LARGEUR.	PAS.	DENTS.	BRAS.	POIDS.
181....	0m600....	0m144....	75m/10....	25m/10...	4...	100 k.
182....	0.570....	0.172....	71....	25...	4...	120 »
183....	0.570....	0.164....	78....	23...	4...	125 »
184....	0.550....	0.140....	72....	24...	4...	80 »
185....	0.545....	0.162....	63....	27...	4...	85 »
186....	0.545....	0.147....	50....	34...	4...	75 »
187....	0.505....	0.122....	51....	31...	4...	70 »
188....	0.490....	0.105....	48....	32...	4...	45 »
189....	0.490....	0.085....	43....	36...	4...	40 »
190....	0.485....	0.162....	63....	24...	4...	65 »
191....	0.485....	0.135....	56....	27...	4...	55 »
192....	0.485....	0.122....	63....	24...	4...	60 »
193....	0.495....	0.105....	43....	36...	4...	55 »
194....	0.485....	0.100....	42....	36...	4...	50 »
195....	0.450....	0.115....	56....	25...	4...	60 »
196....	0.435....	0.110....	42....	32...	4...	55 »
197....	0.415....	0.140....	56....	23...	4...	70 »
198....	0.405....	0.160....	63....	20...	4...	63 »
199....	0.550....	0.067....	35....	31...	4...	25 »
200....	0.320....	0.090....	50....	20...	4...	25 »
201....	0.320....	0.054....	36....	28...	4...	15 »
202....	0.285....	0.070....	42....	21...	pleine	24 »
203....	0.260....	0.070....	48....	17...	id.	20 »
204....	0.235....	0.095....	46....	16...	id.	25 »
205....	0.235....	0.085....	35....	21...	id.	22 »

Les engrenages dont les dimensions ne figurent pas sur le Catalogue seront faits d'après les dimensions ou les plans qui nous seront fournis.

Roues droites, denture marchant brute fonte contre fonte.

NUMÉROS d'ordre.	DIAMÈTRE.	LARGEUR.	PAS.	DENTS.	BRAS.	POIDS.
301....	1m740....	0m325....	100m/m.	54....	6...	1600 k.
302....	1.740....	0.305....	103...	53....	8...	1480 »
303....	1.030....	0.325....	100....	32....	6...	705 »
304....	0.980....	0.300....	102...	30....	8...	575 »
305....	2.606....	0.280....	90....	90....	8...	2055 »
306....	1.685....	0.280....	90....	58....	6...	1330 »
307....	1.460....	0.280....	90....	40....	6...	775 »
308....	0.810....	0.280....	90....	28....	6...	570 »
309....	1.220....	0.300....	85....	45....	8...	1060 »
310....	0.985....	0.255....	85....	36....	6...	490 »
311....	1.900....	0.270....	83....	71....	6...	1395 »
312....	1.390....	0.250....	83....	52....	6...	850 »
313....	1 »	0.230....	76....	41....	4...	600 »
314....	1.390....	0.200....	72....	60....	6...	565 »
315....	1.085....	0.200....	72....	47....	6...	380 »
316....	0.970....	0.200....	72....	42....	6...	260 »
317....	0.830....	0.170....	72....	36....	6...	210 »
318....	2.030....	0.170....	68....	92....	6...	695 »
319....	0.782....	0.170....	68....	36....	6...	200 »
320....	0.805....	0.210....	66....	38....	4...	305 »
321....	1.740....	0.169....	65....	84....	6...	590 »
322....	1.216....	0.145....	65....	58....	6...	210 »
323....	0.669....	0.135....	64....	32....	6...	135 »
324....	2.030....	0.145....	64....	99....	6...	500 »
325....	0.920....	0.145....	64....	45....	6...	100 »
326....	0.735....	0.145....	64....	36....	6...	160 »
327....	0.485....	0.175....	64....	24....	4...	115 »
328....	1.820....	0.190....	60....	94....	6...	845 »
329....	1.455....	0.190....	60....	75....	6...	580 »
330....	1.220....	0.190....	60....	63....	6...	425 »
331....	0.760....	0.190....	60....	41....	6...	380 »
332....	2.620....	0.190....	60....	136....	8...	1513 »
333....	1.596....	0.170....	60....	82....	6...	490 »
334....	1.055....	0.170....	60....	54....	6...	300 »
335....	1.025....	0.190....	60....	53....	8...	400 »
336 A ..	0.925....	0.170....	60....	48....	6...	»
336 B ..	0.863....	0.190....	»	45....	...	502 »
337....	1.120....	0.180....	58....	60....	4...	300 »
338....	0.632....	0.134....	55....	36....	4...	85 »
339....	0.810....	0.168....	57....	44....	6...	170 »
340....	1.315....	0.140....	57....	72....	6...	280 »
341....	0.875....	0.157....	57....	48....	6...	165 »
342....	0.200....	0.160....	57....	11....	pl...	45 »

Les engrenages qui ne font pas partie du Catalogue seront faits d'après les dimensions ou les plans qui nous seront fournis.

Roues droites marchant fonte contre fonte. (Suite.)

NUMÉROS d'ordre.	DIAMÈTRE.	LARGEUR.	PAS.	DENTS.	BRAS.	POIDS
343	2m050	0m135	55m/m	116	8	465 k.
344	1.990	0.135	55	112	6	445 »
345	0.780	0.135	55	45	4	125 »
346	0.650	0.135	55	37	4	105 »
347	0.605	0.097	55	34	4	68 »
348	0.490	0.135	55	28	4	70 »
349	0.315	0.100	55	18	pl.	40 »
350	0.655	0.115	54	40	4	85 »
351	2.170	0.200	50	135	8	655 »
352	1.640	0.135	50	102	6	455 »
353	1.560	0.135	50	97	6	355 »
354	1.316	0.135	50	82	6	315 »
355	1.030	0.135	50	64	6	270 »
356	1.015	0.200	50	63	6	355 »
357	0.812	0.135	50	50	6	155 »
358	0.725	0.135	50	45	6	130 »
359	0.643	0.205	50	40	6	180 »
360	0.530	0.200	50	33	6	150 »
361	0.478	0.135	50	30	4	80 »
362	0.870	0.070	49	55	6	85 »
363	0.660	0.140	49	42	4	80 »
364	0.553	0.070	49	34	6	40 »
365	0.426	0.070	49	27	4	50 »
366	0.235	0.100	49	15	pl.	25 »
367	0.646	0.110	48	42	6	65 »
368	0.275	0.135	48	18	pl.	50 »
369	1.148	0.082	45	80	6	150 »
370	1.080	0.115	45	75	6	165 »
371	0.840	0.165	45	58	6	220 »
372	0.405	0.115	45	28	4	50 »
373	0.165	0.100	43	12	pl.	15 »
374	0.585	0.110	43	42	4	60 »
375	0.490	0.105	43	36	4	52 »
376	0.325	0.083	43	24	4	20 »
377	0.820	0.075	41	63	4	80 »
378	0.200	0.070	43	15	pl.	15 »
379	1. »	0.100	43	77	6	110 »
380	1.160	0.100	43	89	6	160 »

Les engrenages qui ne sont pas dans le Catalogue seront faits sur plan.

Roues droites marchant fonte contre fonte. (Suite.)

NUMÉROS d'ordre.	DIAMÈTRE.	LARGEUR.	PAS.	DENTS.	BRAS.	POIDS.
381	2m025	0m100	40m/m	156	6	390 k.
382	1.635	0.100	40	126	6	255 »
383	1.558	0.110	40	120	6	315 »
384	1.370	0.100	40	105	6	230 »
385	0.827	0.095	40	64	6	100 »
386	0.774	0.110	40	60	6	135 »
387	0.445	0.080	40	34	6	45 »
388	0.335	0.095	40	26	4	30 »
389	0.333	0.120	40	26	pl.	40 »
390	0.220	0.100	40	17	pl.	20 »
391	0.210	0.095	40	16	pl.	15 »
392	0.195	0.130	40	15	pl.	20 »
393	0.160	0.050	40	13	pl.	6 »
394	0.152	0.100	40	12	pl.	10 »
395	0.140	0.110	40	11	pl.	10 »
396	1.510	0.150	40	117	6	320 »
397	0.810	0.150	40	63	6	150 »
398	0.105	0.117	40	8	pl.	6.5
399	1.485	0.095	40	114	6	216 »
400	0.985	0.095	40	76	6	130 »
401	»	»	»	»	»	»
402	0.735	0.095	40	57	6	95 »
403	0.645	0.095	40	50	6	90 »
404	0.485	0.095	40	38	4	55 »
405	0.410	0.095	40	32	4	55 »
406	0.145	0.075	40	11	pl.	7 »
407	1.820	0.100	40	140	6	285 »
408	1.220	0.100	40	94	6	205 »
409	1.100	0.100	40	85	6	190 »
410	0.550	0.100	40	43	6	65 »
411	0.195	0.061	36	17	pl.	12 »
412	0.897	0.055	35	79	6	50 »
413	0.785	0.070	35	70	6	75 »
414	1.080	0.054	35	96	6	80 »
415	0.900	0.060	35	80	6	70 »
416	0.775	0.070	35	68	6	80 »
417	0.770	0.070	35	68	6	77 »
418	0.483	0.074	35	43	6	58 »
419	0.445	0.055	35	40	4	25 »
420	0.350	0.068	35	31	4	25 »
421	0.335	0.110	35	30	4	32 »
422	0.525	0.092	35	29	4	30 »
423	0.275	0.070	35	25	pl.	23 »

Les engrenages qui ne sont pas dans le Catalogue seront faits sur plan.

Roues droites marchant fonte contre fonte. (Suite).

NUMÉROS d'ordre.	DIAMÈTRE.	LARGEUR.	PAS.	DENTS.	BRAS.	POIDS.
424	0m268	0m115	35m/m	24	pl.	20 k.
425	0.255	0.130	35	23	pl.	25 »
426	0.235	0.063	35	21	4	10 »
427	0.210	0.075	35	19	pl.	16 »
428	0.208	0.070	35	19	pl.	16 »
429	0.200	0.110	35	18	pl.	20 »
430	0.198	0.065	35	18	6	12 »
431	0.177	0.080	35	16	pl.	11 »
432	0.155	0.077	35	14	pl.	9 5
433	0.136	0.075	35	12	pl.	7 »
434	0.125	0.100	35	11	pl.	8 5
435	0.123	0.070	35	11	pl.	8 »
436	0.675	0.070	35	60	6	45 »
437	0.835	0.083	35	74	6	90 »
438	0.652	0.085	35	58	6	65 »
439	0.520	0.085	35	46	6	50 »
440	0.315	0.135	35	28	pl.	45 »
441	0.205	0.085	35	18	pl.	13 »
442	0.115	0.080	35	10	pl.	5 »
443	0.970	0.067	35	86	6	85 »
444	0.170	0.075	35	15	pl.	10 »
445	0.135	0.080	35	12	pl.	8 »
446	0.090	0.065	35	8	pl.	3 5
447	1.342	0.070	34	122	8	100 »
448	0.265	0.130	34	24	pl.	23 »
449	0.288	0.200	34	27	pl.	75 »
450	0.224	0.133	34	21	pl.	24 »
451	0.323	0.180	34	29	pl.	70 »
452	0.185	0.072	34	17	pl.	15 »
453	1.000	0.130	34	91	6	95 »
454	0.750	0.130	34	68	6	70 »
455	0.495	0.130	34	45	6	45 »
456	0.738	0.055	32	72	6	40 »
457	0.405	0.053	32	59	6	18 »
458	0.505	0.068	30	52	6	30 »
459	0.365	0.070	30	38	pl.	24 »
460	0.260	0.070	30	27	pl.	20 »
461	0.173	0.070	30	18	pl.	13 »
462	0.170	0.070	30	18	pl.	13 »
463	0.147	0.050	30	15	pl.	5 »
464	0.116	0.070	30	12	pl.	5 »
465	0.113	0.070	30	11	pl.	4 5
466	0.120	0.070	30	12	pl.	5 »
467	0.095	0.065	30	10	pl.	4 »

Les engrenages qui ne sont pas au Catalogue seront faits sur plan.

Roues droites marchant fonte contre fonte. (Suite).

NUMÉROS d'ordre.	DIAMÈTRE.	LARGEUR.	PAS.	DENTS.	BRAS.	POIDS.
468	0m545	0m055	31m/m	55	6	25 k.
469	0.109	0.067	31	11	pl	4 »
470	0.750	0.088	31	76	4	70 »
471	0.810	0.060	30	85	6	55 »
472	0.478	0.065	30	50	6	35 »
473	0.155	0.069	30	14	pl	6 5
474	0.094	0.070	30	10	pl	4 »
475	0.732	0.095	29	79	6	70 »
476	0.225	0.075	29	24	pl	15 »
477	0.878	0.070	27	100	6	70 »
478	0.395	0.070	27	45	6	32 »
479	0.650	0.055	27	74	6	35 »
480	0.121	0.070	27	14	pl	5 5
481	0.105	0.063	27	12	pl	4 5
482	0.105	0.080	27	12	pl	5 9
483	0.088	0.075	27	10	pl	5 5
484	0.085	0.075	27	10	pl	3 »
485	0.077	0.075	27	9	pl	2 »
486	0.690	0.050	25	86	6	35 »
487	0.482	0.060	25	60	6	24 »
488	0.585	0.070	25	48	pl	25 »
489	0.338	0.060	25	42	6	17 »
490	0.257	0.070	25	32	pl	12 »
491	0.225	0.080	25	28	pl	15 »
492	0.195	0.060	25	24	pl	9 »
493	0.120	0.047	25	15	pl	5 »
494	0.110	0.065	25	14	pl	5 »
495	0.105	0.065	25	14	pl	5 5
496	0.104	0.060	25	13	pl	3 »
497	0.103	0.060	25	13	pl	3 »
498	0.080	0.045	25	10	pl	1 »
499	0.495	0.050	26	58	6	20 »
500	0.850	0.060	25	106	6	45 »
501	0.562	0.060	25	70	6	58 »
502	0.152	0.060	25	19	pl	7 »
503	0.098	0.040	25	12	pl	2 5
504	0.088	0.047	25	11	pl	2 »
505	0.387	0.038	21	56	4	12 »
506	0.370	0.038	21	54	4	11 »
507	0.273	0.038	21	40	4	6 5
508	0.225	0.060	21	33	pl	10 »
509	0.208	0.040	21	31	pl	5 5
510	0.182	0.040	21	27	pl	5 5

Les engrenages qui ne figurent pas au Catalogue seront faits sur plan.

Roues droites marchant fonte contre fonte. (Suite).

NUMÉROS d'ordre.	DIAMÈTRE.	LARGEUR.	PAS.	DENTS.	BRAS.	POIDS.
511	0m160	0m040	21 m/m	24	pl	5 »
512	0.145	0.040	21	22	pl	4.5
513	0.134	0.038	21	20	pl	2 »
514	0.116	0.055	21	17	pl	3.5
515	0.082	0.044	21	12	pl	2 »
516	0.078	0.030	21	12	pl	1 »
517	0.500	0.040	21	73	pl	32 »
518	0.322	0.040	21	47	pl	22 »
518 B	0.545	0.062	20	85	6	» »
519	0.498	0.062	20	78	6	28 »
520	0.435	0.062	20	68	6	26 »
521	0.395	0.062	20	62	6	25 »
522	0.265	0.062	20	42	pl	10.5
523	0.215	0.062	20	34	pl	10.5
524	0.195	0.062	20	31	pl	11 »
525	0.140	0.082	20	22	pl	8.5
526	0.765	0.062	20	120	6	35 »
527	0.639	0.062	20	100	6	31 »
528	0.574	0.062	20	90	6	27 »
529	0.319	0.062	20	50	4	23 »
530	0.095	0.062	20	15	pl	5 »
531	0.064	0.062	20	10	pl	2 »
532	0.870	0.050	18	150	6	40 »
533	0.725	0.050	18	125	6	30 »
534	0.625	0.050	18	108	6	28 »
535	0.247	0.055	18	42	pl	9 »
536	0.180	0.055	18	30	pl	5 »
537	0.168	0.055	18	28	pl	6 »
538	0.161	0.055	18	27	pl	5.5
539	0.144	0.050	18	25	pl	5 »
540	0.130	0.050	18	22	pl	3 »
541	0.115	0.062	18	19	pl	5.5
542	0.098	0.070	18	16	pl	2.5
543	0.094	0.044	18	16	pl	1.5
544	0.103	0.036	19	17	pl	2 »
545	0.078	0.031	19	13	pl	1 »
546	0.725	0.044	15	150	6	25 »
547	0.420	0.046	15	87	6	16 »
548	0.383	0.042	15	80	6	13 »
549	0.287	0.045	15	60	6	9.5
550 A	0.145	0.045	15	30	pl	2.5
550 B	0.110	0.045	15	22	pl	2.5
551	0.139	0.047	15	30	pl	5 »
552	0.071	0.045	15	15	pl	2.7
553	0.048	0.041	15	10	pl	2 »

Les engrenages qui ne sont pas au Catalogue seront faits sur modèles.

Roues droites, fonte contre fonte. (Suite.)

NUMÉROS d'ordre.	DIAMÈTRE.	LARGEUR.	PAS.	DENTS.	BRAS.	POIDS.
554	0ᵐ400	0ᵐ045	15ᵐ/ₘ	85	pl.	12 k.
555	0.527	0.045	15	68	pl.	10 »
556 A	0.240	0.045	15	50	pl.	8 »
556 B	0.208	0.045	15	45	pl.	7 »
557	0.113	0.045	15	24	pl.	3 5
558	0.108	0.045	15	23	pl.	2 7
559	0.087	0.045	15	18	pl.	2 5
560	0.081	0.043	15	17	pl.	1 8
561	0.468	0.045	15	108	6	14 »
562	0.250	0.052	15	60	5	6 8
563	0.205	0.032	15	48	pl.	5 »
564	0.132	0.028	15	30	pl.	2 5
565	0.078	0.020	13	19	pl.	4 5
566	0.064	0.028	13	15	pl.	2 »
567	0.061	0.024	13	15	pl.	4 8
568	0.062	0.030	13	14	pl.	0 5
569	0.051	0.022	13	12	pl.	1 »
570	0.043	0.041	13	11	pl.	1 6
571	0.176	0.041	12	45	pl.	6 »
572	0.240	0.045	12	64	pl.	10 »
573	0.207	0.025	12	55	6	5 »
574	0.180	0.045	12	48	pl.	6 »
575	0.120	0.045	12	32	pl.	4 »
576	0.553	0.035	11	160	6	15 »
577	0.345	0.030	11	100	6	9 »
578	0.553	0.023	11	98	6	8 »
579	0.275	0.028	11	80	6	6 »
580	0.167	0.025	11	49	pl.	4 »
581	0.130	0.027	11	38	4	4 »
582	0.117	0.029	11	34	4	3 »
583	0.096	0.029	11	28	pl.	2 »
584	0.090	0.029	11	26	pl.	2 »
585	0.082	0.029	11	24	pl.	1 3
586	0.068	0.029	11	20	pl.	0 8
587	0.062	0.029	11	18	pl.	0 6
588	0.188	0.035	10	60	pl.	5 »
589	0.158	0.035	10	50	pl.	3 5
590	0.127	0.035	10	40	pl.	2 7
591	0.110	0.035	10	34	pl.	2 »
592	0.580	0.059	10	120	4	8 »
593	0.257	0.023	10	77	5	5 6
594	0.154	0.028	10	49	pl.	2 »
595	0.065	0.030	10	21	pl.	0 4
596	0.057	0.037	10	12	pl.	0 3

Les engrenages qui ne sont pas dans le Catalogue seront faits d'après plan.

Roues droites marchant fonte contre fonte (Suite.)

NUMÉROS d'ordre.	DIAMÈTRE.	LARGEUR.	PAS.	DENTS.	BRAS.	POIDS.
597	0m403	0m023	9m/m	140m/m	pl.	8k.5
598	0.300	0.025	9.	100.	pl.	7 »
599	0.200	0.017	9.	69.	6.	2.5
600	0.172	0.031	9.	60.	pl.	4.7
601	0.548	0.018	8 1/2.	198.	6.	9 »
602	0.420	0.018	8 1/2.	154.	6.	8 »
603	0.285	0.018	8 1/2.	102.	6.	6 »
604	0.170	0.036	8 1/2.	62.	pl.	6 »
605	0.165	0.018	8 1/2.	60.	4.	4.5
606	0.152	0.035	8 1/2.	56.	pl.	2.5
607	0.137	0.020	8 1/2.	50.	4.	1.4
608	0.130	0.020	8 1/2.	48.	4.	1.2
609	0.093	0.020	8 1/2.	34.	pl.	0.8
610	0.082	0.020	8 1/2.	30.	pl.	0.7
611	0.065	0.020	8 1/2.	24.	pl.	0.6
612	0.050	0.020	8 1/2.	18.	pl.	0.5
613	0.254	0.020	8.	100.	6.	2.9
614	0.235	0.020	8.	94.	6.	2.7
615	0.185	0.020	8.	72.	6.	2.5
616	0.160	0.020	8.	64.	pl.	1.9
617	0.150	0.020	8.	60.	pl.	1.8
618	0.143	0.020	8.	56.	pl.	1.5
619	0.069	0.020	8.	27.	pl.	0.4
620	0.259	0.016	7.	114.	6.	2.5
621	0.068	0.016	7.	30.	pl.	0.5
622	0.056	0.016	7.	25.	pl.	0.3
623	0.031	0.016	7.	14.	pl.	0.2
624	0.341	0.016	6.	156.	6.	5.2
625	0.175	0.020	6.	88.	pl.	1.9
626	0.157	0.023	6.	80.	pl.	2 »
627	0.104	0.015	6.	52.	pl.	0.6
628	0.097	0.023	6.	50.	pl.	0.5
629	0.090	0.023	6.	45.	pl.	0.45
630	0.045	0.020	6.	22.	pl.	0.20
631	0.025	0.020	6.	12.	pl.	0.10
632	0.111	0.020	5 1/2.	60.	pl.	0.6
633	0.092	0.018	5 1/2.	52.	pl.	0.5
634	0.061	0.016	5 1/2.	34.	pl.	0.4
635	0.046	0.047	5 1/2.	24.	pl.	0.5
636	0.040	0.020	5 1/2.	22.	pl.	0.25
637	0.037	0.018	5 1/2.	20.	pl.	0.20
638	0.052	0.018	5 1/2.	18.	pl.	0.15

Les engrenages qui ne sont pas sur le Catalogue seront faits d'après plan.

Roues droites, fonte contre fonte. (Suite).

NUMÉROS d'ordre.	DIAMÈTRE.	LARGEUR.	PAS.	DENTS.	BRAS.	POIDS.
639	0m127	0m017	5m/m 1/2	73	pl	k. 7
640	0.052	0.021	5 1/2	29	pl	25
641	0.043	0.020	5 1/2	24	pl	20
642	0.098	0.017	5	63	pl	60
643	0.095	0.021	5	60	pl	75
644	0.081	0.020	5	50	pl	65
645	0.058	0.017	5	38	pl	40

Les engrenages qui ne sont pas dans le Catalogue seront faits d'après plan.

Roues d'angle à dents de bois marchant

NUMÉROS d'ordre.	ROUES.				PIGNONS.					Rapport de la roue au pignon.	Poids approximatif des 2 roues (roue et pignon) marchant ensemble
	DIAMÈTRE	LARGEUR	DENTS	BRAS	DIAMÈTRE	LARGEUR	PAS	DENTS	Bras		
801...	1m850...	0m250...	91..	8...	1.850...	0.190...	64.	91..	8	1. »...	1,800 k.
802...	1.330...	0.165...	66...	6...	1.330...	0.147...	65.	66..	6	1: »...	500 »
803...	1.240...	0.168...	60...	6...	1.240...	0.142...	65.	60..	6	1. »...	640 »
804...	1.000...	0.165...	48...	6...	1.000...	0.150...	65.	48..	6	1. »...	400 »
805...	1.010...	0.210...	42...	6...	1.010...	0.155...	75.	42..	6	1. »...	560 »
806...	0.998...	0.135...	54...	6...	0.998...	0.118...	58.	54..	6	1. »...	280 »
807...	0.820...	0.135...	48...	6...	0.820...	0.118...	53.	48..	6	1. »...	270 »
808...	0.660...	0.130...	36...	4...	0.660...	0.125...	57.	36..	4	1. »...	200 »
809...	0.650...	0.115...	40...	4...	0.650...	0.090...	51.	40..	4	1. »...	140 »
871 B..	0.585...	0.105...	44...	4...	0.585...	0.083...	41.	44..	4	1. »...	120 »
810...	0.560...	0.128...	44...	4...	0.560...	0.110...	40.	44..	4	1. »...	105 »
811...	0.496...	0.100...	36...	4...	0.496...	0.085...	43.	36..	4	1. »...	80 »
812...	0.465...	0.102...	46...	4...	0.465...	0.085...	31.	46..	4	1. »...	70 »
813...	0.410...	0.100...	30...	4...	0.410...	0.085...	43.	30..	4	1. »...	65 »
814...	0.334...	0.087...	24...	4...	0.334...	0.070...	43.	24..	4	1. »...	48 »
815...											
816...											
817...											
818...											
819...	2.890...	0.167...	173...	8...	0.400...	0.130...	52.	24..	4	7.210...	0,000 »
820...	2.650...	0.197...	150...	8...	0.815...	0.179...	64.	40..	4	3.250...	1,000 »
821...	2.650...	0.200...	101...	8...	1.150...	0.175...	78.	46..	6	2.300...	1,340 »
822...	2.466...	0.139...	172..	8...	0.870...	0.125...	45.	61..	6	2.820...	820 »
823...	2.640...	0.135...	200...	8...	0.634...	0.122...	41.	48..	4	4.170...	590 »
824...	2.620...	0.160...	160...	8...	0.475...	0.135...	51.	29..	4	5.518...	710 »
825...	2.050...	0.198...	96...	6...	1.015...	0.150...	66.	48..	6	2. »...	960 »
826...	2. »...	0.145...	108...	6...	0.500...	0.120...	58.	27..	4	4. »...	250 »
827...	1.980...	0.295...	72...	6...	0.990...	0.260...	86.	36..	6	2. »...	1,700 »
828...	1.990...	0.175...	96...	6...	0.950...	0.155...	65.	46..	6	2.080...	750 »
829...	1.980...	0.170...	96...	6...	0.990...	0.150...	».	48..	6	2. »...	675 »
830...	1.980...	0.160...	96...	6...	0.660...	0.124...	».	52..	4	3. »...	620 »
831...	1.980...	0.150...	108...	6...	0.660...	0.135...	57.	36..	4	3. »...	590 »
832...	1.980...	0.145...	132...	6...	0.662...	0.120...	47.	44..	6	3. »...	500 »
833...	1.970...	0.170...	90...	6...	1.314...	0.140...	69.	60..	6	1.500...	770 »
834...	1.960...	0.200...	86...	6...	0.980...	0.180...	72.	43..	6	2. »...	880 »
835...	1.900...	0.190...	111...	6...	0.665...	0.145...	53.	39..	4	2.850...	760 »
836...	1.715...	0.170...	90...	»...	0.685...	0.150...	60.	36..	4	2.500...	500 »
837...	1.645...	0. »...	80...	»...	0.740...	0.145...	65.	36..	4	2.225...	545 »
838...	1.660...	0.170...	80...	6...	0.830...	0.150...	».	40..	4	2. »...	600 »
839...	1.640...	0. »...	90...	6...	0.820...	0.148...	57.	45..	6	2. »...	620 »
840...	1.640...	0. »...	102...	6...	0.740...	0.145...	50.	46..	4	2.218...	520 »

Les engrenages qui ne sont pas dans le catalogue seront faits d'après plan.

avec Pignons à dents de fonte.

NUMÉROS d'ordre.	ROUES				PIGNONS					Rapport de la roue au pignon.	Poids approximatif des 2 roues (roue et pignon) marchant ensemble.
	DIAMÈTRE	LARGEUR	DENTS	Bras	DIAMÈTRE	LARGEUR	PAS	DENTS	Bras		
841	1m500	0m175	84	6	0.500	0.148	56	28	4	3	570 k
842	1.470	0.117	108	6	0.490	0.100	43	36	4	3	290 »
843	1.350	0.165	66	6	0.665	0.150	63	33	4	2	350 »
844	1.330	0.137	72	6	0.665	0.125	58	36	4	2	500 »
845	1.525	0.135	82	6	0.550	0.120	51	34	4	2.415	350 »
846	1.312	0.167	72	6	0.875	0.145	57	48	6	1.500	420 »
847	1.315	0.163	78	6	0.490	0.133	33	29	4	2.685	320 »
848	1.300	0.160	66	6	0.665	0.135	62	33	4	2	450 »
849	1.240	0.140	62	6	0.500	0.120	»	25	4	2.480	310 »
850	1.258	0.203	66	6	0.990	0.175	60	52	6	1.268	680 »
851	1.315	0.168	60	6	0.815	0.140	»	43	4	1.395	360 »
852	1.130	0.190	54	6	0.565	0.145	66	27	4	2	400 »
853	1.015	0.105	63	6	0.435	0.090	50	27	4	2.335	150 »
854	1.010	0.150	60	6	0.505	0.120	55	30	4	2	220 »
855	1.010	0.110	60	6	0.371	0.092	»	22	4	2.725	120 »
856	0.988	»	60	6	0.560	0.090	52	34	4	1.765	138 »
857	0.990	0.150	54	6	0.660	0.135	57	36	4	1.500	280 »
858	0.980	0.110	72	6	0.490	0.090	43	36	4	2	170 »
859	0.940	0.148	52	6	0.815	0.140	57	45	6	1.156	300 »
860	0.905	0.165	44	6	0.823	0.145	65	40	6	1.100	350 »
861	0.840	0.135	44	6	0.610	0.120	60	32	6	1.375	270 »
862	0.839	0.140	58	6	0.550	0.118	45	38	6	1.528	230 »
863	0.846	0.118	54	4	0.448	0.090	52	27	4	1.888	130 »
864	0.850	0.112	52	4	0.415	0.085	50	26	4	2	160 »
865	0.795	0.137	45	4	0.618	0.120	55	35	4	1.285	205 »
866	0.685	0.140	37	4	0.610	0.125	58	33	4	1.121	200 »
867	0.680	0.110	40	4	0.510	0.090	55	30	4	1.333	245 »
868	0.666	0.115	48	4	0.333	0.095	48	24	4	2	100 »
869	0.662	0.164	30	4	0.575	0.152	69	26	4	1.155	190 »
870	0.665	0.110	56	4	0.490	0.085	36	42	4	1.352	100 »
872	0.550	0.090	40	4	0.275	0.075	43	20	4	2	50 »
873	0.396	0.065	42	4	0.132	0.047	30	14	pl.	3	65 »

Les engrenages qui ne sont pas dans le catalogue seront faits d'après plan.

Roues d'angle de 45°

Les engrenages qui ne sont pas dans le Catalogue seront faits d'après plan.

NUMÉROS d'ordre.	DIAMÈTRE	LARGEUR	PAS.	DENTS	BRAS.	POIDS approximat.
900	1m695	0m255	77m/m	69	6	1,050 kil.
901	1.325	0.193	63	66	4	700 »
902	1.175	0.143	45	82	6	200 »
903	1.150	0.147	57	63	6	250 »
904	1.150	0.122	45	80	6	150 »
905	1.070	0.130	62	54	6	155 »
906	1.040	0.135	58	56	6	140 »
907	1.009	0.143	51	62	6	235 »
908	1.007	0.138	40	78	6	150 »
909	0.980	0.135	67	46	4	150 »
910	0.900	0.122	46	61	4	80 »
911	0.885	0.155	58	48	4	100 »
912	0.870	0.110	49	56	4	80 »
913	0.850	0.102	42	64	4	70 »
914	0.814	0.136	42	60	6	110 »
915	0.775	0.105	44	56	4	65 »
916	0.738	0.120	44	53	6	85 »
917	0.660	0.055	29	72	6	42 »
918	0.658	0.108	57	36	6	70 »
919	0.655	0.115	36	57	6	75 »
920	0.652	0.115	41	50	6	65 »
921	0.647	0.115	40	50	6	62 »
922	0.573	0.088	33	54	6	45 »
923	0.573	0.108	47	38	6	52 »
924	0.550	0.105	43	40	6	50 »
925	0.485	0.075	36	42	6	40 »
926	0.485	0.068	25	60	6	25 »
927	0.436	0.057	27	50	6	18 »
928	0.435	0.070	43	32	4	30 »
929	0.410	0.087	31	42	4	25 »
930	0.400	0.092	45	28	4	20 »
931	0.395	0.105	39	32	4	20 »
932	0.395	0.055	32	39	4	15 »
933	0.320	0.055	33	30	4	13 »
934	0.325	0.062	27	38	pleine.	12 »
935	0.325	0.073	25	40	4	15 »
936	0.315	0.060	20	50	pleine.	12 »
937	0.300	0.080	34	28	pleine.	15 »
938	0.300	0.060	25	38	pleine.	11 »
939	0.300	0.038	16	60	pleine.	8 »
940	0.270	0.036	17	50	pleine.	7 »

à dents en fonte.

NUMÉROS d'ordre.	DIAMÈTRE.	LARGEUR.	PAS.	DENTS.	BRAS.	POIDS. approxim.
941	0m270	0m052	18m/m	48	pl	10 k.
942	0.260	0.045	24	34	pl	8 5
943	0.258	0.048	22	36	pl	8 »
944	0.220	0.063	34	20	pl	10 »
945	0.202	0.037	25	25	pl	5 »
946	0.192	0.032	16	38	pl	1 5
947	0.190	0.055	55	17	pl	5 »
948	0.190	0.055	35	17	pl	5 »
949	0.190	0.050	27	22	pl	4 2
950						
951	0.177	0.055	35	16	pl	4 5
952	0.150	0.035	16	30	pl	3 6
953	0.135	0.034	14	29	pl	3 »
954	0.106	0.031	17	20	pl	2 »
955						

Les engrenages qui ne sont pas sur le catalogue seront faits d'après plan.

— 18 —

Roues d'angle marchant

NUMÉROS d'ordre.	ROUES.					PIGNONS.			Rapport de la roue au pignon.	Poids approximatif des 2 roues (roue et pignon) marchant ensemble
	DIAMÈTRE	LARGEUR.	PAS.	DENTS.	Bras.	DIAMÈTRE	DENTS.	Bras		
1,001..	1m973...	0m115...	45 m/m	136...	8	0m493...	34...	4	4. »...	450 k.
1,002..	1.970...	0.137...	51...	122...	6	0.823...	51...	6	2.395...	670 »
1,003..	1.965...	0.125...	»...	120...	8	0.655...	40...	6	3. »...	520 »
1,004..	1.650...	0.195...	61...	85...	6	0.795...	41...	6	2.070...	770 »
1,005..	1.650...	0.110...	55...	146...	6	0.690...	61...	6	2.395...	270 »
1,006..	1.630...	0.164...	56...	92...	6	0.845...	46...	6	2. »...	800 »
1,007..	1.470...	0.091...	55...	84...	6	0.490...	28...	4	3. »...	400 »
1,008..	1.320...	0.124...	46...	90...	6	0.660...	45...	6	2. »...	320 »
1,009..	1.270...	0.195...	65...	65...	6	0.708...	35...	4	1.800...	480 »
1,010..	1.160...	0.143...	51...	72...	6	1. »...	62...	6	1.161...	370 »
1,011..	1.100...	0.140...	»...	68...	6	0.823...	51...	6	1.335...	500 »
1,012..	1.065...	0.092...	36...	93...	6	0.355...	31...	4	3. »...	140 »
1,013..	1. »...	0.090...	58...	54...	6	0.204...	11...	pl.	4.908...	120 »
1,014..	0.985...	0.125...	48...	64...	6	0.543...	34...	6	1.885...	200 »
1,015..	0.986...	0.095...	57...	54...	6	0.493...	27...	4	2. »...	260 »
1,016..	0.980...	0.095...	35...	88...	6	0.490...	44...	6	2. »...	145 »
1,017..	0.968...	0.168...	51...	60...	6	0.840...	52...	6	1.154...	320 »
1,018..	0.820...	0.120...	41...	63...	6	0.326...	25...	pl.	2.520...	135 »
1,019..	0.815...	0.130...	42...	60...	6	0.542...	40...	4	1.500...	140 »
1,020..	0.660...	0.090...	30...	69...	6	0.440...	46...	6	1.500...	75 »
1,021..	0.660...	0.108...	36...	58...	6	0.546...	48...	6	1.208...	110 »
1,022..	0.652...	0.115...	39...	52...	6	0.489...	39...	6	1.333...	110 »
1,023..	0.654...	0.082...	34...	60...	6	0.218...	20...	pl.	3. »...	60 »
1,024..	0.654...	0.088...	30...	68...	6	0.327...	34...	4	2. »...	63 »
1,025..	0.650...	0.080...	42...	48...	6	0.325...	24...	4	2. »...	60 »
1,026..	0.577...	0.068...	35...	51...	4	0.385...	34...	4	1.500...	55 »
1,027..	0.570...	0.063...	28...	64...	6	0.107...	12...	pl.	5.335...	30 »
1,028..	0.550...	0.075...	30...	57...	6	0.445...	46...	6	1.240...	70 »
1,029..	0.545...	0.067...	32...	46...	4	0.119...	10...	pl.	4.600...	26 »
1,030..	0.505...	0.065...	20...	80...	6	0.252...	40...	4	2. »...	25 »
1,031..	0.490...	0.070...	26...	60...	6	0.163...	20...	pl.	3. »...	32 »
1,032..	0.490...	0.056...	19...	80...	6	0.307...	50...	6	1.600...	26 »
1,033..	0.488...	0.085...	31...	50...	4	0.244...	25...	pl.	2. »...	50 »
1,034..	0.403...	0.060...	19...	66...	6	0.300...	49...	6	1.345...	24 »
1,035..	0.380...	0.062...	21...	58...	pl.	0.190...	29...	pl.	2. »...	20 »
1,036..	0.382...	0.062...	26...	46...	4	0.116...	14...	pl.	3.285...	25 »
1,037..	0.351...	0.053...	20...	54...	6	0.117...	18...	pl.	3. »...	12 »
1,038..	0.322...	0.055...	30...	30...	pl.	0.215...	20...	pl.	1.500...	25 »
1,039..	0.315...	0.030...	18...	56...	4	0.227...	39...	4	1.436...	11 »
1,040..	0.296...	0.047...	26...	36...	pl.	0.148...	18...	pl.	2. »...	18 »

Les engrenages qui ne sont pas dans le Catalogue seront faits d'après plan.

fonte contre fonte.

NUMÉROS d'ordre.	ROUES.				PIGNONS.			Rapport de la roue au pignon.	Poids approximatif des 2 roues (roue et pignon) marchant ensemble.	
	DIAMÈTRE	LARGEUR.	PAS.	DENTS.	Bras	DIAMÈTRE	DENTS.	Bras		
1,041.	0m270	0m050	21	40	pl.	0m108	16	pl.	2,500	8 k.
1,042.	0.246	0.062	26	30	pl.	0.123	15	pl.	2 »	15 »
1,043.	0.246	0.035	18	42	pl.	0.082	14	pl.	3 »	9 »
1,044.	0.242	0.035	19	40	pl.	0.115	19	pl.	2.105	9 »
1,045.	0.169	0.032	17	31	pl.	0.120	22	pl.	1.404	6 »
1,046.	0.162	0.053	17	30	pl.	0.108	20	pl.	1.500	3 »

Les engrenages qui ne sont pas dans le catalogue seront faits d'après plan.

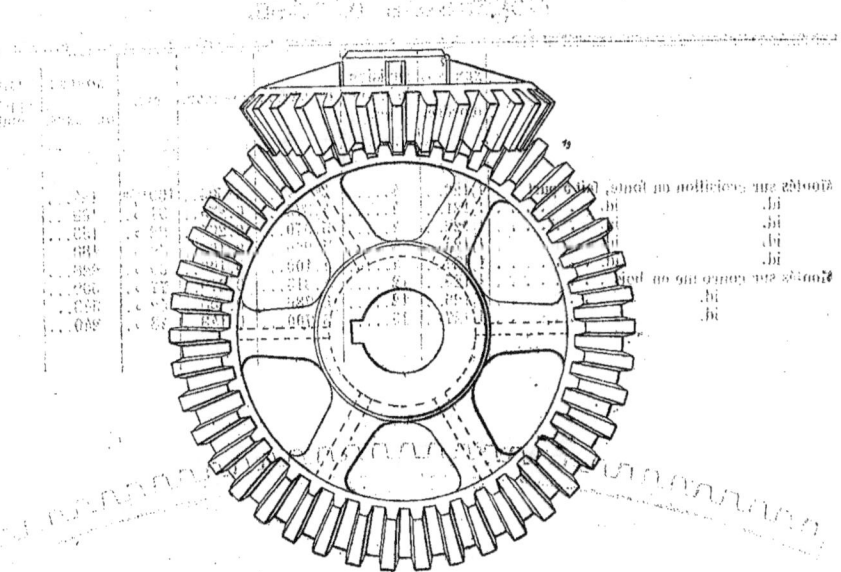

Crémaillères marchant avec les Pignons du catalogue.

NUMÉROS d'ordre.	LONGUEUR.	LARGEUR.	PAS.	NOMBRE DE DENTS.	POIDS approximatif.
1,101	2ᵐ250	0ᵐ080	40 m/m	56	50 k.
1,102	0.630	0.040	37	17	8 »
1,103	0.937	0.042	36	26	13 »
1,104	0.456	0.035	31	15	5 »
1,105	0.950	0.050	30	32	15 »
1,106	0.945	0.047	30	32	12 »
1,107	0.665	0.035	23	29	7 »
1,108	1.835	0.060	19	97	16 »
1,109	0.725	0.042	15	50	4 »

Nota. — La longueur est variable suivant les besoins.

Segments dentés.

	NUMÉROS d'ordre.	Division de la roue en	DIAMÈTRE.	LARGEUR.	PAS.	NOMBRE DE DENTS.	POIDS approximatif.
Montés sur croisillon en fonte, fait à part.	1,120	4	4ᵐ	0ᵐ305	100 m/m	124	
id. id.	1,121	4	4.875	0.275	91 »	168	
id. id.	1,122	4	3.970	0.265	92 »	136	
id. id.	1,123	4	3.960	0.165	69 »	180	
id. id.	1,124	4	4.400	0.190	60 »	228	
Montés sur couronne en bois	1,125	12	7.315	0 219	77 »	300	
id.	1,126	12	5.786	0.135	52 »	348	
id.	1,127	15	3.700	0.148	48 »	240	

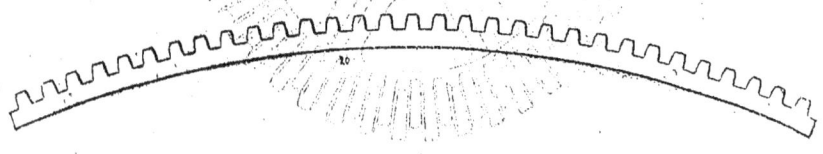

Roues pour vis sans fin.

NUMÉROS d'ordre	ROUES.					VIS.			POIDS approxim.
	DIAMÈTRE	LARGEUR.	PAS.	DENTS.	Bras	DIAMÈTRE	LONGUEUR.	Nombre de Filets	
1...	1m010...	0m085...	45 m/m	70..	6	0m150...	0.200...	4....	135 k.
2...	0.735...	0.082...	58..	40...	6				90 . vis.
3...	0.615...	0.040...	25...	77...	6	0.087...	0.076...	3....	30
4...	0.503...	0.032...	18...	90...	6				16
5...	0.427...	0.080...	45...	30...	pl.	0.150...	0.200...	4....	70
6...	0.400...	0.060...	48...	26...	4				25 s. vis.
7...	0.325...	0.075...	56...	18...	pl.				
8...	0.325...	0.040...	25...	41...	4	0.087...	0.076...	3...	
9...	0.240...	0.050...	23...	32...	4				
10...	0.190...	0.018...	21...	28...	4				
11...	0.184...	0.040...	25...	23...	pl.	0.087...	0.076...	3....	
12...	0.160...	0.040...	25...	20...		0.087...	0.076...	3....	
13...	0.116...	0.032...	16...	23...					

Rochets en fonte.

NUMÉROS d'ordre.	DIAMÈTRE.	LARGEUR.	DENTS.	BRAS.	POIDS. approxim.
1	0^{m}830	0^{m}039	190	6	40 k.
2	0.585	0.033	126	6	25 »
3	0.585	0.027	44	pl.	30 »
4	0.404	0.054	16	pl.	40 »
5	0.320	0.035	52	pl.	32 »
6	0.255	0.037	28	pl.	10 »
7	0.245	0.023	32	4	» »
8	0.212	0 025	48	pl.	4 »
9	0.205	0.051	12	pl.	4 »
10	0.197	0.020	18	pl.	3 »
11	0.168	0.017	24	4	2 »
12	0.160	0.026	26	4	1 5
13	0.155	0.026	28	pl.	2 »
14	0.155	0.019	17	pl.	1 5
15	0.154	0.048	66	pl.	2 »
16	0.155	0.025	12	pl.	3 »
17	0.140	0.016	15	pl.	1 »
18	0.135	0.016	15	pl.	1 5
19	0.135	0.020	12	pl.	1 5
20	0.130	0.016	20	pl.	1 5
21	0.130	0.018	19	pl.	1 5
22	0.115	0.016	20	pl.	1 5
23	0.108	0.029	4	pl.	1 5
24	0.098	0.017	11	pl.	0 5
25	0.095	0.020	25	pl.	1 »

Poulies plates ou bombées de toute largeur, à bras droits ou courbes.

NUMÉROS.	DIAMÈTRE.	NUMÉROS.	DIAMÈTRE.	NUMÉROS.	DIAMÈTRE.
1	2m020	45	0m705	89	0m410
2	1.920	46	0.690	90	0.405
3	1.825	47	0.680	91	0.400
4	1.720	48	0.675	92	0.395
5	1.640	49	0.665	93	0.390
6	1.520	50	0.660	94	0.385
7	1.405	51	0.655	95	0.380
8	1.340	52	0.630	96	0.375
9	1.315	53	0.645	97	0.370
10	1.270	54	0.640	98	0.365
11	1.215	55	0.635	99	0.360
12	1.145	56	0.630	100	0.355
13	1.140	57	0.620	101	0.350
14	1.135	58	0.615	102	0.345
15	1.105	59	0.610	103	0.340
16	1.095	60	0.605	104	0.335
17	1.055	61	0.600	105	0.330
18	1.030	62	0.585	106	0.325
19	1.008	63	0.580	107	0.320
20	0.970	64	0.570	108	0.315
21	0.955	65	0.560	109	0.310
22	0.930	66	0.555	110	0.305
23	0.920	67	0.550	111	0.300
24	0.910	68	0.545	112	0.295
25	0.900	69	0.540	113	0.290
26	0.895	70	0.530	114	0.285
27	0.890	71	0.520	115	0.280
28	0.875	72	0.510	116	0.275
29	0.855	73	0.500	117	0.270
30	0.850	74	0.495	118	0.265
31	0.845	75	0.485	119	0.260
32	0.830	76	0.480	120	0.255
33	0.825	77	0.470	121	0.250
34	0.810	78	0.465	122	0.245
35	0.805	79	0.460	123	0.240
36	0.795	80	0.455	124	0.235
37	0.780	81	0.450	125	0.230
38	0.770	82	0.445	126	0.225
39	0.760	83	0.440	127	0.220
40	0.755	84	0.435	128	0.215
41	0.740	85	0.430	129	0.210
42	0.730	86	0.425	130	0.190
43	0.715	87	0.420	131	0.165
44	0.710	88	0.415	132	0.130

Nota. — La hauteur des jantes et les dimensions des moyeux sont variables à volonté.

Paliers en fonte avec Coussinets en cuivre.

Série A

NUMÉROS d'ordre des Modèles.	DIAMÈTRE de l'alésage	LONGUEUR de la portée.	LONGUEUR du patin.	HAUTEUR du centre.	POIDS.
1	0m310	0m260	1.040	0.460	320 k.
2	0.300	0.300	1.100	0.530	560 »
3	0.280	0.350	1.100	0.390	350 »
4	0.250	0.250	0.740	0.250	160 »
5	0.230	0.230	0.970	0.220	210 »
6	0.215	0.270	1.150	0.550	240 »
7	0.205	0.200	1.120	0.420	210 »
8	0.185	0.190	0.740	0.140	55 »
9	0.175	0.210	0.710	0.200	125 »
10	0.175	0.180	0.570	0.145	24 »
11	0.170	0.180	0.670	0.165	70 »
12	0.165	0.150	0.480	0.260	80 »
13	0.155	0.180	0.570	0.120	25 »
14	0.155	0.170	0.520	0.300	85 »
15	0.150	0.175	0.650	0.250	95 »
16	0.145	0.170	0.570	0.140	25 »
17	0.145	0.160	0.600	0.125	48 »
18	0.140	0.180	0.670	0.180	90 »
19	0.140	0.160	0.570	0.130	25 »
20	0.135	0.160	0.600	0.120	49 »
21	0.130	0.145	0.720	0.220	76 »
22	0.130	0.135	0.550	0.110	36 »
23	0.125	0.165	0.570	0.150	34 »
24	0.125	0.150	0.600	0.340	85 »
25	0.125	0.150	0.570	0.150	25 »
26	0.120	0.150	0.560	0.120	35 »
27	0.120	0.150	0.410	0.100	21 »
28	0.115	0.150	0.480	0.105	27 »
29	0.115	0.125	0.490	0.120	30 »
30	0.115	0.120	0.500	0.120	32 »
31	0.115	0.120	0.450	0.105	27 »
32	0.115	0.120	0.460	0.120	29 »
33	0.110	0.140	0.400	0.120	28 »
34	0.110	0.135	0.570	0.150	22 »
35	0.110	0.150	0.600	0.170	30 »
36	0.110	0.120	0.350	0.095	18 »
37	0.110	0.120	0.460	0.115	50 »
38	0.110	0.115	0.460	0.100	25 »
39	0.105	0.115	0.440	0.100	25 »
40	0.100	0.145	0.430	0.110	20 »

Paliers en fonte avec Coussinets en cuivre. (Suite.)

Série A.

NUMÉROS d'ordre des Modèles.	DIAMÈTRE de l'arbre.	LONGUEUR de la portée.	LONGUEUR du patin.	HAUTEUR du centre.	POIDS approxim.
41	0^{m}100	0^{m}110	0^{m}450	0^{m}110	22 k.
42	0.100	0.110	0.450	0.130	25 »
43	0.100	0.105	0.410	0.092	16 »
44	0.095	0.110	0.410	0.100	17 »
45	0.090	0.120	0.450	0.110	18 5
46	0.090	0.110	0.440	0.120	19 »
47	0.090	0.105	0.420	0.090	15 5
48	0.090	0.105	0.480	0.100	18 »
49	0.085	0.140	0.390	0.080	15 »
50	0.085	0.125	0.420	0.100	25 »
51	0.085	0.105	0.390	0.080	15 »
52	0.085	0.100	0.390	0.090	15 »
53	0.080	0.105	0.400	0.100	16 »
54	0.080	0.100	0.400	0.105	14 »
55	0.075	0.105	0.370	0.070	12 »
56	0.075	0.105	0.400	0.090	16 »
57	0.075	0.090	0.360	0.085	15 »
58	0.075	0.090	0.350	0.080	10 »
59	0.072	0.110	0.430	0.080	20 »
60	0.072	0.090	0.340	0.070	12 »
61	0.070	0.095	0.300	0.080	15 »
62	0.070	0.095	0.370	0.085	13 »
63	0.070	0.080	0.310	0.090	10 »
64	0.065	0.090	0.350	0.080	9 »
65	0.065	0.085	0.320	0.070	9 »
66	0.065	0.085	0.320	0.070	8 »
67	0.060	0.085	0.300	0.065	8 »
68	0.055	0.092	0.360	0.075	14 »
69	0.055	0.085	0.300	0.065	7 »
70	0.055	0.080	0.310	0.070	9 5
71	0.052	0.085	0.300	0.065	9 »
72	0.050	0.065	0.270	0.055	5 »
73	0.048	0.075	0.280	0.060	6 »
74	0.045	0.065	0.260	0.050	4 5

Paliers en fonte avec Coussinets en cuivre. (Suite)

Série B

NUMÉROS d'ordre.	DIAMÈTRE de l'arbre.	LONGUEUR de la portée.	LONGUEUR du patin.	HAUTEUR du centre.	POIDS approximatif.
75....	0m330...	0m360...	1m » ...	0m370...	145 k.
76....	0.320...	0.340...	0.900...	0.340...	128 »
77....	0.310...	0.320...	0.850...	0.320...	118 »
78....	0.300...	0.300...	0.830...	0.300...	112 »
79....	0.290...	0.270...	0.800...	0.280...	100 »
80....	0.280...	0.250...	0.780...	0.180...	90 »
81....	0.270...	0.145...	0.700...	0.290...	72 »
82....	0.260...	0.240...	0.720...	0.250...	65 »
83....	0.250...	0.230...	0.750...	0.340...	80 »
84....	0.240...	0.250...	0.850...	0.280...	300 »
85....	0.225...	0.230...	0.690...	0.320...	70 »
86....	0.210...	0.230...	1 » ...	0.220...	200 »
87....	0.210...	0.230...	0.820...	0.175...	90 »
88....	0.205...	0.230...	0.670...	0.300...	60 »
89....	0.195...	0.190...	0.620...	0.200...	80 »
90....	0.190...	0.180...	1 » ...	0.550...	220 »
91....	0.190...	0.170...	0.700...	0.160...	85 »
92....	0.180...	0.180...	0.660...	0.180...	95 »
93....	0.180...	0.180...	0.650...	0.150...	45 »
94....	0.175...	0.165...	0.600...	0.150...	72 »
95....	0.165...	0.180...	0.520...	0.150...	60 »
96....	0.160...	0.160...	0.500...	0.180...	25 »
97....	0.155...	0.150...	0.750...	0.170...	60 »
98....	0.155...	0.150...	0.600...	0.140...	58 »
99....	0.140...	0.200...	0.800...	0.230...	140 »
100....	0.140...	0.175...	0.850...	0.210...	100 »
101....	0.140...	0.150...	0.890...	0.160...	96 »
102....	0.140...	0.145...	0.400...	0.090...	25 »
103....	0.140...	0.130...	0.650...	0.120...	62 »
104....	0.135...	0.150...	0.480...	0.120...	34 »
105....	0.135...	0.145...	0.480...	0.095...	35 »
106....	0.135...	0.140...	0.550...	0.100...	42 »
107....	0.125...	0.135...	0.500...	0.105...	36 »
108....	0.125...	0.120...	0.490...	0.110...	30 »
109....	0.120...	0.120...	0.550...	0.120...	35 »
110....	0.115...	0.120...	0.420...	0.085...	21 »
111....	0.110...	0.110...	0.500...	0.090...	23 »
112....	0.105...	0.105...	0.450...	0.100...	23 5
113....	0.100...	0.120...	0.450...	0.105...	24 »
114....	0.095...	0.120...	0.420...	0.080...	22 »

Paliers en fonte avec Coussinets en cuivre. (Suite.)

Série B.

NUMÉROS des Modèles	DIAMÈTRE de l'arbre	LONGUEUR de la portée	LONGUEUR du patin	HAUTEUR du centre	POIDS approximat.	
115	0ᵐ095	0ᵐ110	0ᵐ500	0ᵐ170	30	k.
116	0.090	0.120	0.395	0.080	22	»
117	0.085	0.090	0.360	0.070	14	»
118	0.080	0.085	0.340	0.070	13	»
119	0.075	0.085	0.320	0.070	11	»
120	0.075	0.070	0.300	0.060	11	»
121	0.075	0.105	0.450	0.130	15	»
122	0.072	0.085	0.320	0.105	12	5
123	0.070	0.110	0.400	0.070	20	»
124	0.065	0.090	0.350	0.080	14	»
125	0.060	0.095	0.270	0.080	9	5
126	0.055	0.070	0.250	0.050	5	»
127	0.050	0.065	0.250	0.050	4	5
128	0.045	0.075	0.260	0.060	4	8

Paliers en fonte avec Coussinets en cuivre. (Suite).

Série C.

NUMÉROS des Modèles	DIAMÈTRE de l'alésage.	LONGUEUR de la portée.	HAUTEUR du contre.	LONGUEUR du patin.	POIDS approximat.
1	0m115	0m110	0m320	0m380	45 k.
2	0.105	0.140	0.300	0.350	55 »
3	0.110	0.115	0.200	0.470	30 »
4	0.110	0.105	0.370	0.270	30 »
5	0.100	0.110	0.300	0.280	25 »
6	0.100	0.105	0.280	0.270	25 »
7	0.090	0.100	0.280	0.510	30 »
8	0.080	0.090	0.190	0.200	18 »
9	0.095	0.100	0.380	0.480	25 »
10	0.075	0.090	0.370	0.550	45 »
11	0.070	0.090	0.420	0.490	36 »
12	0.070	0.085	0.300	0.600	35 »
13	0.065	0.085	0.410	0.630	28 »
14	0.075	0.080	0.680	0.520	25 »
15	0.060	0.070	0.150	0.360	10 »
16	0.040	0.050	0.450	0.580	18 »
17	0.100	0.105	0.400	0.600	55 »
18	0.095	0.100	0.380	0.500	51 »
19	0.090	0.095	0.360	0.450	47 »
20	0.085	0.090	0.340	0.400	40 »
21	0.080	0.085	0.320	0.400	36 »
22	0.075	0.085	0.300	0.550	30 »
23	0.070	0.080	0.290	0.550	27 »
24	0.065	0.080	0.280	0.350	22 »
25	0.060	0.075	0.270	0.350	19 »
26	0.055	0.085	0.260	0.360	15 »
27	0.055	0.085	0.195	0.290	10 »
28	0.050	0.075	0.390	0.460	25 »
29	0.050	0.075	0.220	0.550	12 »
30	0.050	0.075	0.200	0.280	10 »
31	0.050	0.075	0.190	0.280	9 »
32	0.045	0.070	0.190	0.510	10 »
33	0.040	0.065	0.150	0.350	10 »
34	0.080	0.085	0.300	0.350	16 »
35	0.075	0.075	0.280	0.300	18 »
36	0.070	0.075	0.260	0.280	17 »
37	0.065	0.070	0.240	0.260	15 5
38	0.060	0.065	0.220	0.220	13 5
39	0.055	0.075	0.200	0.490	12 »
40	0.050	0.075	0.175	0.445	10 »
41	0.045	0.060	0.150	0.150	9 »

Paliers en fonte avec Coussinets en cuivre. (Suite.)

Série D

POIDS approxim.	LONGUEUR du palin.	HAUTEUR du centre.	LONGUEUR de l'alésage.	DIAMÈTRE de l'alésage	NUMÉROS des Modèles	DIAMÈTRE de l'alésage	LONGUEUR de la portée.	HAUTEUR du centre.	LONGUEUR du palin.	POIDS approxim.
70 k.	0,450	0,500	0,110	0,100	42	0m100	0m110	0m500	0m450	55 k.
60	0,400	0,450	0,105	0,095	43	0,095	0,105	0,450	0,450	50 »
48	0,400	0,400	0,100	0,090	44	0,090	0,100	0,400	0,450	42 »
42	0,380	0,380	0,095	0,085	45	0,085	0,095	0,380	0,430	38 »
40	0,300	0,360	0,090	0,080	46	0,080	0,090	0,360	0,400	30 »
36	0,300	0,340	0,085	0,075	47	0,075	0,085	0,340	0,400	26 »
35	0,280	0,320	0,080	0,070	48	0,070	0,080	0,340	0,340	20 »
33	0,280	0,300	0,075	0,065	49	0,065	0,080	0,320	0,400	32 »
35	0,250	0,280	0,070	0,060	50	0,060	0,075	0,300	0,400	30 »
25	0,230	0,280	0,070	0,055	51	0,055	0,085	0,400	0,380	55 »
20	0,200	0,250	0,065	0,050	52	0,050	0,080	0,220	0,225	10 »
18	0,200	0,250	0,065	0,045	53	0,045	0,060	0,280	0,250	12 »
15	0,230	0,230	0,055	0,040	54	0,040	0,050	0,350	0,270	14 »
13	0,220	0,220	0,050	0,035	55	0,035	0,060	0,240	0,270	12 »
12	0,200	0,220	0,045	0,030	56	0,030	0,045	0,260	0,250	11 »
8	0,220	0,230	0,045	0,025	57	0,025	0,060	0,380	0,240	10 »

Chaises en fonte avec Coussinets en cuivre.

Série A.

NUMÉROS des Modèles.	DIAMÈTRE de l'alésage.	LONGUEUR de la portée.	HAUTEUR du centre.	LONGUEUR du patin.	POIDS. approxim.
1....	0ᵐ120...	0ᵐ485....	0ᵐ540...	1ᵐ100...	70 k.
2....	0.115....	0.125....	0.500...	1.100...	90 »
3....	0.110....	0.120....	0.500...	1.100...	85 »
4....	0.105....	0.115....	0.450...	1. » ...	78 »
5....	0.100....	0.110....	0.400...	0.900...	70 »
6....	0.095....	0.090....	0.600...	1.300...	80 »
7....	0.090....	0.090....	0.500...	0.860...	35 »
8....	0.085....	0.095....	0.450...	1. » ...	32 »
9....	0.080....	0.105....	0.320...	0.740...	35 »
10....	0.075....	0.085....	0.350...	0.800...	35 »
11....	0.070....	0.100....	0.670...	1.400...	75 »
12....	0.065....	0.115....	0.510...	0.900...	50 »
13....	0.060....	0.085....	0.550...	1.200...	60 »
14....	0.055....	0.080....	0.350...	0.800...	40 »
15....	0.050....	0.075....	0.500...	0.700...	30 »
16....	0.045....	0.075....	0.630...	0.930...	25 »

— 34 —

Chaises en fonte avec Coussinets en cuivre

Série B.

N° 1

N° 2

NUMÉROS des Modèles	DIAMÈTRE de l'alésage	LONGUEUR de la portée	HAUTEUR du centre	POIDS approximatif
1	0ᵐ120	0ᵐ150	0ᵐ700	110 k.
2	0.115	0.125	0.650	100 »
3	0.110	0.130	0.440	75 »
4	0.105	0.130	0.660	90 »
5	0.100	0.120	0.590	70 »
6	0.095	0.115	0.420	70 »
7	0.090	0.110	0.260	45 »
8	0.085	0.110	0.630	70 »
9	0.085	0.095	0.680	55 »
10	0.085	0.110	0.600	65 »
11	0.080	0.110	0.380	50 »
12	0.080	0.100	0.600	60 »
13	0.080	0.100	0.420	60 »
14	0.075	0.085	0.600	62 »
15	0.070	0.095	0.470	30 »
16	0.065	0.095	0.760	75 »
17	0.055	0.085	0.480	45 »
18	0.060	0.080	0.630	50 »
19	0.060	0.090	0.520	50 »
20	0.060	0.080	0.520	55 »
21	0.060	0.070	0.660	45 »
22	0.055	0.075	0.420	40 »
23	0.055	0.070	0.570	40 »
24	0.055	0.070	0.450	15 »
25	0.050	0.090	0.500	30 »
26	0.050	0.075	0.480	40 »
27	0.050	0.075	0.530	20 »
28	0.045	0.000	0.500	25 »
29	0.040	0.055	0.450	00 »
30	0.035	0.050	0.410	20 »
31	0.030	0.045	0.380	17 »
32	0.025	0.040	0.340	14 »

Chaises en fonte avec Coussinets en cuivre

Série C

NUMÉROS des Modèles.	DIAMÈTRE de l'alésage.	LONGUEUR de la portée.	HAUTEUR du centre.	LONGUEUR du patin.	POIDS approximat.
1	0ᵐ120	0ᵐ150	0ᵐ800	0ᵐ600	95 k.
2	0.115	0.125	0.750	0.600	85 »
3	0.110	0.140	0.580	0.590	60 »
4	0.105	0.115	0.700	0.600	78 »
5	0.100	0.150	0.650	0.500	70 »
6	0.095	0.105	0.700	0.500	72 »
7	0.090	0.160	0.800	0.620	80 »
8	0.085	0.110	0.400	0.350	45 »
9	0.080	0.110	0.580	0.420	50 »
10	0.080	0.100	0.420	0.520	55 »
11	0.075	0.100	0.400	0.500	65 »
12	0.070	0.090	0.530	0.270	30 »
13	0.065	0.100	0.460	0.420	60 »
14	0.065	0.095	0.400	0.440	40 »
15	0.065	0.070	0.750	0.400	30 »
16	0.060	0.090	0.560	0.580	45 »
17	0.055	0.080	0.450	0.580	50 »
18	0.055	0.070	0.420	0.500	25 »
19	0.050	0.075	0.410	0.590	25 »
20	0.050	0.070	0.410	0.480	30 »
21	0.045	0.060	0.550	0.370	35 »
22	0.045	0.065	0.240	0.400	15 »
23	0.040	0.070	0.400	0.580	40 »
24	0.040	0.060	0.280	0.240	18 »
25	0.035	0.050	0.450	0.280	35 »
26	0.035	0.050	0.250	0.500	35 »
27	0.030	0.045	0.200	0.500	30 »
28	0.027	0.040	0.180	0.270	25 »
29	0.024	0.036	0.060	0.250	17 »

— 33 —

Chaises en fonte avec Coussinets en cuivre.

NUMÉROS des Modèles.	DIAMÈTRE de l'alésage.	LONGUEUR de la portée.	HAUTEUR du centre.	LONGUEUR du patin.	POIDS approxim.
1	0ᵐ120	0ᵐ130	0ᵐ900	0ᵐ500	93 k.
2	0.115	0.125	0.850	0.500	87 »
3	0.110	0.120	0.850	0.500	84 »
4	0.105	0.115	0.850	0.500	80 »
5	0.100	0.110	0.800	0.500	75 »
6	0.095	0.105	0.800	0.500	72 »
7	0.090	0.100	0.800	0.500	70 »
8	0.085	0.095	0.750	0.500	62 »
9	0.080	0.090	0.750	0.500	60 »
10	0.075	0.085	0.810	0.450	55 »
11	0.070	0.100	0.650	0.550	56 »
12	0.070	0.090	0.290	0.280	25 »
13	0.065	0.075	0.600	0.350	22 »
14	0.062	0.075	0.420	0.315	18 »
15	0.060	0.070	0.510	0.250	20 »
16	0.055	0.080	0.290	0.570	25 »
17	0.050	0.065	0.500	0.350	30 »
18	0.045	0.070	0.450	0.320	27 »
19	0.040	0.060	0.400	0.300	23 »
20	0.055	0.075	0.520	0.250	15 »
21	0.055	0.050	0.510	0.240	12 »
22	0.030	0.045	0.530	0.250	10 »

N° 1.

N° 2.

Série D.

	Série D								

Chaises en fonte avec Coussinets en cuivre. (Suite.)

Série E.

NUMÉROS d'ordre.	DIAMÈTRE de l'alésage.	LONGUEUR de la portée.	HAUTEUR du contre.	LONGUEUR du patin.	POIDS. approximatif.
23	0^{m}120	0^{m}130	0^{m}600	0^{m}900	120 k.
24	0.110	0.150	0.500	0.860	108 »
25	0.105	0.120	0.490	0.860	100 »
26	0.100	0.120	0.560	0.730	95 »
27	0.095	0.105	0.550	0.750	90 »
28	0.090	0.100	0.530	0.750	85 »
29	0.085	0.090	0.510	0.800	90 »
30	0.080	0.105	0.500	0.770	70 »
31	0.075	0.085	0.490	0.840	70 »
32	0.070	0.080	0.500	0.700	58 »
33	0.065	0.075	0.480	0.700	55 »
34	0.060	0.070	0.460	0.650	48 »
35	0.055	0.080	0.430	0.600	25 »
36	0.050	0.075	0.360	0.550	20 »
37	0.045	0.060	0.320	0.430	15 »
38	0.040	0.050	0.310	0.630	30 »

Série F.

39	0.120	0.130	0.500	0.650	98 »
40	0.110	0.120	0.500	0.650	93 »
41	0.100	0.110	0.500	0.650	90 »
42	0.090	0.100	0.450	0.600	84 »
43	0.080	0.090	0.450	0.600	81 »
44	0.075	0.120	0.330	0.550	78 »
45	0.065	0.105	0.330	0.550	68 »
46	0.055	0.065	0.400	0.550	60 »
47	0.050	0.060	0.400	0.550	55 »
48	0.045	0.060	0.400	0.550	50 »
49	0.040	0.055	0.400	0.550	45 »

Supports d'Arbres verticaux.

NUMÉROS d'ordre.	GROSSEUR de l'arbre.	LONGUEUR du patin.	HAUTEUR du support.	POIDS approximat.
1	0m200	1m150	0m500	110 k.
2	0.190	1.150	0.500	100 »
3	0.180	1.150	0.500	102 »
4	0.170	1.200	0.500	105 »
5	0.160	1.200	0.500	100 »
6	0.150	1.200	0.500	98 »
7	0.150	0.800	0.500	75 »
8	0.140	0.800	0.500	90 »
9	0.130	0.700	0.390	87 »
10	0.120	0.700	0.390	86 »
11	0.120	1.300	0.880	82 »
12	0.110	1.300	0.880	80 »
13	0.100	1.300	0.880	79 »
14	0.090	1.250	0.900	78 »
15	0.080	1.250	0.900	77 »
16	0.070	1.250	0.900	76 »
17	0.070	2. »	0.800	240 »
18	0.060	2. »	0.800	240 »
19	0.050	1.230	0.850	75 »
20	0.050	0.500	0.220	50 »
21	0.040	0.500	0.220	47 »
22	0.030	0.500	0.220	45 »

Boîtes d'embrayage ou de jonction d'arbres.

Série A.

Coupe suivant A B C.

NUMÉROS des Modèles	DIAMÈTRE de l'arbre.	DIAMÈTRE de la boîte.	HAUTEUR du centre.	POIDS approximat.
1	0ᵐ150	0ᵐ395	0ᵐ125	55 k.
2	0.140	0.380	0.120	53 »
3	0.150	0.370	0.115	51 »
4	0.120	0.360	0.110	49 »
5	0.110	0.350	0.105	47 »
6	0.100	0.330	0.090	45 »
7	0.095	0.320	0.095	42 »
8	0.090	0.300	0.095	38 »
9	0.085	0.270	0.090	35 »
10	0.085	0.260	0.090	35 »
11	0.085	0.250	0.090	35 »
12	0.080	0.250	0.085	32 »
13	0.075	0.240	0.080	30 »
14	0.070	0.240	0.090	33 »
15	0.065	0.250	0.085	30 »
16	0.060	0.210	0.090	25 »
17	0.060	0.195	0.075	20 »
18	0.060	0.190	0.075	20 »
19	0.055	0.180	0.075	18 »
20	0.050	0.175	0.070	16 »
21	0.050	0.165	0.090	18 »
22	0.045	0.160	0.060	9 »
23	0.045	0.150	0.045	5 »
24	0.040	0.140	0.050	4 »

Boîtes de jonction ou d'embrayage. (Suite.)

Série EB.

NUMÉROS des Modèles	DIAMÈTRE de l'arbre.	DIAMÈTRE de la boîte.	ÉPAISSEUR.	POIDS approxim.
25....	0m200..			80 k.
26....	0.190..			82 »
27....	0.180..			86 »
28....	0.170..	0m480..	0m100....	90 »
29....	0.160..			94 »
30....	0.150..			98 »
31....	0.140..			100 »
32....	0.130..	0.370...	0.095....	55 »
33....	0.120..	0.310...	0.150....	50 »
34....	0.110..	0.300...	0.120....	45 »
35....	0.100..	0.280...	0.110....	40 »
36....	0.095..	0.260...	0.100....	35 »
37....	0.090..	0.240...	0.090....	25 »
38....	0.085..	0.200...	0.065....	16 »
39....	0.080..	0.200...	0.065....	16 »
40....	0.075..			11 »
41....	0.070..	0.200...	0.060....	12 »
42....	0.065..			14 »
43....	0.060..	0.195...	0.060....	10 »
44....	0.055..	0.175...	0.075....	10 »
45....	0.050..	0.174...	0.055....	8 »
46....	0.045..	0.160...	0.085....	8 »
47....	0.040..	0.145...	0.085....	7 »
48....	0.035..	0.115...	0.065....	5 »
49....	0.030..	0.095...	0.055....	3 »
50....	0.025..	0.085...	0.050....	2 »

Boîtes de jonction ou d'embrayage (Suite.)

Série C

NUMÉROS des Modèles.	DIAMÈTRE de l'arbre.	DIAMÈTRE de la boîte.	ÉPAISSEUR	NOMBRE de DENTS.	POIDS. approxim.
51	0m150	0m400	0m150	8	80 k.
52	0.140	0.400	0.140	8	75 »
53	0.130	0.390	0.120	8	68 »
54	0.120	0.380	0.100	8	65 »
55	0.110	0.370	0.095	6	62 »
56	0.100	0.360	0.090	6	56 »
57	0.095	0.350	0.085	6	50 »
58	0.090	0.285	0.070	3	30 »
59	0.085	0.270	0.080	4	29 »
60	0.080	0.260	0.080	4	30 »
61	0.075	0.250	0.080	4	28 »
62	0.070	0.240	0.080	6	25 »
63	0.070	0.240	0.080	3	25 »
64	0.070	0.240	0.075	3	20 »
65	0.065	0.190	0.055	3	12 »
66	0.065	0.190	0.070	4	14 »
67	0.065	0.185	0.040	4	10 »
68	0.065	0.185	0.045	4	9 »
69	0.060	0.185	0.050	5	8 »
70	0.060	0.175	0.050	3	8 »
71	0.055	0.150	0.070	3	7 »
72	0.055	0.150	0.055	3	5 »
73	0.050	0.145	0.030	6	4 »
74	0.050	0.145	0.025	6	3 »
75	0.045	0.140	0.050	3	5 »
76	0.045	0.135	0.060	3	4 »
77	0.040	0.115	0.045	3	3 »

Boîtes de jonction ou d'embrayage. (Suite.)

Série D.

NUMÉROS des Modèles.	DIAMÈTRE de l'arbre.	DIAMÈTRE de la boîte.	ÉPAISSEUR	POIDS approximat.
78...	0^{m}120...	0^{m}350...	0^{m}100...	55 k.
79...	0.110...	0.320...	0.100...	53 »
80...	0.100...	0.310...	0.085...	50 »
81...	0.095...	0.310...	0.090...	49 »
82...	0.090...	0.300...	0.100...	35 »
83...	0.085...	0.300...	0.090...	30 »
84...	0.085...	0.275...	0.090...	45 »
85...	0.080...	0.220...	0.070...	25 »
86...	0.075...	0.200...	0.080...	28 »
87...	0.070...	0.190...	0.080...	27 »
88...	0.065...	0.180...	0.080...	26 »
89...	0.060...	0.170...	0.075...	24 »
90...	0.055...	0.160...	0.075...	23 »
91...	0.050...	0.150...	0.070...	21 »

Série E.

NUMÉROS des Modèles.	DIAMÈTRE de l'arbre.	DIAMÈTRE de la boîte.	ÉPAISSEUR	POIDS approximat.
92...	0.120...	0.305...	0.090...	32 »
93...	0.110...	0.280...	0.110...	35 »
94...	0.100...	0.260...	0.100...	38 »
95...	0.095...	0.240...	0.100...	35 »
96...	0.090...	0.220...	0.100...	35 »
97...	0.085...	0.200...	0.095...	29 »
98...	0.080...	0.190...	0.090...	25 »
99...	0.075...	0.180...	0.085...	22 »
100...	0.070...	0.170...	0.080...	20 »
101...	0.065...	0.160...	0.075...	18 »
102...	0.060...	0.150...	0.070...	14 »
103...	0.055...	0.140...	0.065...	11 »
104...	0.050...	0.130...	0.060...	7 »
105...	0.045...	0.110...	0.060...	4 »
106...	0.040...	0.110...	0.030...	2 »

Manchons d'accouplement d'arbres

NUMÉROS des Modèles	DIAMÈTRE du manchon	LONGUEUR	DIAMÈTRE du trou	POIDS approximat.
1	0ᵐ270	0ᵐ310	0ᵐ150	108 k.
2	0.265	0.310	0.150	100 »
3	0.210	0.525	0.120	78 »
4	0.210	0.505	0.105	57 »
5	0.200	0.315	0.100	42 »
6	0.195	0.220	0.095	36 »
7	0.195	0.195	0.090	55 »
8	0.190	0.250	0.095	58 »
9	0.190	0.250	0.090	36 »
10	0.180	0.250	0.090	51 »
11	0.170	0.215	0.085	24 »
12	0.165	0.215	0.080	25 »
13	0.160	0.260	0.080	27 »
14	0.160	0.200	0.080	20 »
15	0.155	0.175	0.075	19 »
16	0.150	0.260	0.075	25 »
17	0.150	0.185	0.075	17 »
18	0.150	0.165	0.075	15 »
19	0.145	0.285	0.070	26 »
20	0.145	0.250	0.070	23 »
21	0.140	0.240	0.070	21 »
22	0.135	0.250	0.065	19 »
23	0.130	0.220	0.065	17 »
24	0.125	0.210	0.060	15 »
25	0.125	0.185	0.060	13 »
26	0.125	0.165	0.060	12 »
27	0.120	0.200	0.060	12 »
28	0.120	0.150	0.060	10 »
29	0.115	0.160	0.055	9 »
30	0.110	0.170	0.055	9 »
31	0.105	0.140	0.050	7 »
32	0.100	0.145	0.050	6 »

Tourillons pour Arbres en bois de roues hydrauliques.

NUMÉROS d'ordre.	DIAMÈTRE des ailes.	DIAMÈTRE de la pénétration A	DIAMÈTRE du tourillon B.	POIDS. approxim.
1	0ᵐ680	0ᵐ130	0ᵐ200	260 k.
2	0.570	0.120	0.190	240 »
3	0.580	0.110	0.175	230 »
4	0.650	0.120	0.165	190 »
5	0.580	0.120	0.160	150 »
6	0.470	0.100	0.140	130 »
7	0.525	0.110	0.160	120 »
8	0.450	0.080	0.100	110 »
9	0.590	0.110	0.185	100 »
10	0.510	0.130	0.190	95 »
11	0.410	0.090	0.120	85 »
12	0.340	0.070	0.100	60 »
13	0.350	0.090	0.130	60 »

Tourteaux de roues hydrauliques.

NUMÉROS d'ordre.	DIAMÈTRE du tourteau.	DIAMÈTRE du moyeu.	NOMBRE de côtés du moyeu.	NOMBRE de bras.	POIDS. approximatif.
1	1^{m}600	0^{m}690	8	8	400 k.
2	1.310	0.650	8	8	350 »
3	1.650	0.610	4	8	240 »
4	1.100	0.500	rond	8	200 »
5	0.980	0.250	»	6	130 »
6	0.850	0.120	»	8	100 »

Volants.

COUPE DE LA JANTE.	N° d'ordr.	DIAMÈTRE extérieur	DIVISION du Mod. en	Nombre de bras	POIDS approxim.	COUPE DE LA JANTE.	N° d'ordr.	DIAMÈTRE	DIVISION du Mod.	Nombre de bras	POIDS approxim.
					kil.		52	1.150	entier	6	110 k.
	1	6.340	8	8	12,100		53	1.100		6	100 »
	2	6. »	6	6	5,500		54	1.100	entier	6	45 »
							55	1.030	entier	6	170 »
	3	5.740	2	8	17,000		56	1.060		6	95 »
	4	5.850	4	8	15,000		57	1.040	entier	6	90 »
							58	1.030		6	85 »
	5	5.865	4	8	13,000		59	0.940	entier	4	80 »
							60	1.020		6	87 »
	6	5.600	4	8	11,000		61	1. »		6	82 »
							62	0.930	entier	6	81 »
							63	0.900		4	74 »
	7	5.250	4	8	10,000		64	0.850	entier	4	70 »
											65 »
	8	5.548	8	8	8,500		65	0.800	entier	4	60 »
	9	5.150	3	6	4,000		66	0.780		4	55 »
							67	0.755	entier	4	25 »
	10	4.820	8	8	2,590		68	0.730		4	49 »
							69	0.700	entier	4	38 »
	11	4.750	4	8	6,350		70	0.675		4	34 »
	12	4.710	2	6	2,000		71	0.655	entier	6	30 »
							72	0.650		4	20 »
	13	4.655	2	6	7,000		73	0.625		4	19 »
							74	0.600	entier	4	18 »
	14	4.470	2	6	1,500		75	0.570		6	17 »
	15	4.450	2	8	2,000		76	0.540	entier	4	15 k.
							77	0.525	entier	4	17 »
	16	4.400	3	6	2,300		78	0.500		4	16 »
	17	4.275	3	6	2,150		79	0.470	entier	4	15 »
	18	4.150	3	6	2,000		80	0.445		4	13 »
	19	4. »	3	6	1,900		81	0.420	entier	4	12 »
	20	3.940	2	6	1,800		82	0.400		4	11 »
	21	3.780	2	6	1,650		83	0.370	entier	4	10 »
	22	3.630	2	6	1,508		84	0.350		4	9 »
							85	0.320	entier	4	8 »
	23	3.580	2	6	3,000		86	0.305	entier	5	7 »
	24	3.500	2	6	1,400		87	0.300	entier	6	6 4
	25	3.385	2	6	1,600		88	0.280		6	5 5
	26	3.400	2	6	1,600		89	0.265	entier	4	4 »
	27	3.800	2	6	1,200		90	0.240		6	3 6
	28	3.150	2	6	1,100		91	0.220	entier	4	3 »
	29	3.020	2	6	1,000		92	0.200			2 5
	30	2.850	2	6	900		93	0.190	entier	4	2 »
	31	2.070	entier	6	825		94	0.170			1 6
	32	2.645	2	6	780		95	0.150	entier		1 2
	33	2.450	entier	6	750						
	34	2.440	entier	6 fer.	650						
	35	2.300	entier		600						
	36	2.150	entier	6	750						
	37	2.135	entier	6	1,000						
	38	2.130	entier		600						
	39	2.120	entier	6	450						
	40	2.100	entier	6	420						
	41	1.860	entier	6	850						
	42	1.850			365						
	43	1.800	entier	6 fer.	110						
	44	1.790	entier	5	300						
	45	1.620	entier	6	260						
	46	1.520	entier	6	220						
	47	1.450	entier	6	180						
	48	1.390	entier	6	140						
	49	1.310	entier	6	140						
	50	1.200	entier	6	215						
	51	1.200	entier	6	120						

NOTA. — Tout volant de grandes moyennes ou petites dimensions dont les mesures ou poids ne figurent pas sur le Catalogue, peuvent être également exécutés d'après commandes.

Poulies à gorge pour cordes.

NUMÉROS d'ordre.	DIAMÈTRE de la Poulie.	DIAMÈTRE du fond de la gorge	LARGEUR.	NOMBRE de bras.	POIDS approximat.
1	1ᵐ100	0ᵐ080	0ᵐ080	6	160 k.
2	1.100	0.970	0.080	6	100 »
3	0.950	0.840	0.060	6	50 »
4	0.980	0.770	0.110	6	135 »
5	0.920	0.760	0.077	6	70 »
6	0.510	0.418	0.045	5	20 »
7	0.378	0.312	0.050	4	10 »
8	0.290	0.267	0.032	pleine	8 »
9	0.315	0.262	0.016	3	4 »
10	0.295	0.260	0.060	pleine	18 »
11	0.305	0.260	0.042	4	4 »
12	0.300	0.260	0.055	4	4 »
13	0.410	0.260	0.075	pleine	26 »
14	0.300	0.245	0.067	»	18 »
15	0.285	0.245	0.035	»	7 5
16	0.275	0.240	0.045	4	5 5
17	0.245	0.220	0.038	pleine	10 »
18	0.273	0.218	0.050	»	18 »
19	0.235	0.205	0.038	»	5 »
20	0.250	0.195	0.046	»	7 »
21	0.250	0.190	0.047	»	12 »
22	0.235	0.187	0.040	»	12 »
23	0.232	0.180	0.021	»	5 »
24	0.245	0.180	0.055	»	12 »
25	0.220	0.175	0.028	»	» »
26	0.200	0.173	0.058	»	8 »
27	0.303	0.162	0.050	»	12 »
28	0. »	0.135	0.056	»	» »
29	0.165	0.135	0.052	»	3 5
30	0.365	0.125	0.076	»	24 »
31	0.255	0.125	0.045	»	14 »
32	0.140	0.120	0.020	»	1 5
33	0.137	0.113	0.026	»	1 8
34	0. »	0.107	0.012	»	» »
35	0.170	0.100	0.050	»	3 5
36	0.165	0.098	0.058	»	1 »
37	0.170	0.092	0.036	»	5 »
38	0. »	0.086	0.015	»	» »
39	0. »	0.057	0.008	»	» »

Poulies à gorge pour chaînes.

NUMÉROS d'ordre.	GRAND DIAMÈTRE	DIAMÈTRE du fond de la gorge.	LARGEUR.	NOMBRE de bras.	POIDS approxim.
1	0m465	0m300	0m125	pleine.	50 k.
2	0.335	0.290	0.055	4	18 »
3	0.320	0.275	0.062	4	14 »
4	0.310	0.265	0.045	4	10 »
5	0.290	0.245	0.065	pleine.	25 »
6	0.263	0.240	0.047	4	10 »
7	0.255	0.220	0.055	4	6 »
8	0.255	0.220	0.050	4	6 »
9	0.250	0.210	0.055	4	12 »
10	0.225	0.195	0.047	4	6 »
11	0.215	0.187	0.045	4	5 »
12	0.180	0.147	0.045	4	3 »
13	0.220	0.170	0.060	pleine.	6 »
14	0.203	0.170	0.050	4	6 5
15	0.200	0.167	0.055	4	5 5
16	0.200	0.162	0.045	4	6 »
17	0.182	0.157	0.035	4	3 5
18	0.160	0.136	0.040	4	3 5
19	0.170	0.130	0.045	pleine.	6 5
20	0.155	0.125	0.040	»	4 »
21	0.155	0.125	0.050	»	3 »
22	0.148	0.122	0.035	4	2 5
23	0.160	0.120	0.055	pleine.	4 »
24	0.150	0.110	0.028	»	3 »
25	0.145	0.103	0.047	»	3 »
26	0.135	0.100	0.040	4	2 5
27	0.120	0.100	0.036	pleine.	5 »
28	0.125	0.082	0.045	»	3 5
29	0.115	0.080	0.045	»	2 »
30	0.095	0.068	0.045	»	1 5
31	0.088	0.063	0.042	»	1 »
32	0.080	0.056	0.036	»	1 »
33	0.720	0.070	0.040	8	22 »

Roues de wagon en fonte et Coussinets d'essieux.

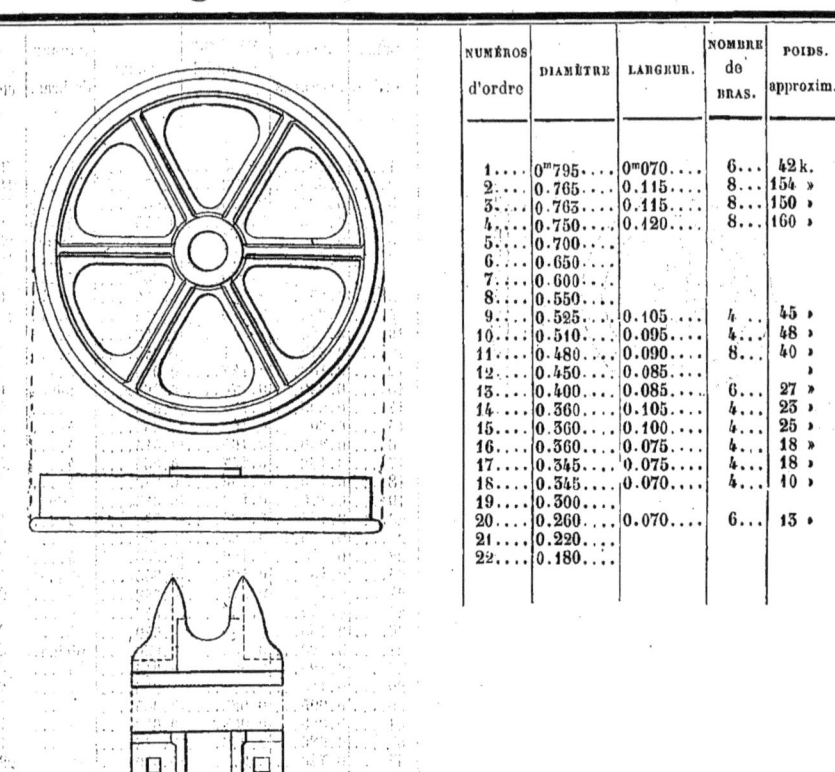

NUMÉROS d'ordre	DIAMÈTRE	LARGEUR.	NOMBRE de BRAS.	POIDS. approxim.
1....	0m795....	0m070....	6...	42 k.
2....	0.765....	0.115....	8...	154 »
3....	0.763....	0.115....	8...	150 »
4....	0.750....	0.120....	8...	160 »
5....	0.700....			
6....	0.650....			
7....	0.600....			
8....	0.550....			
9....	0.525....	0.105....	4..	45 »
10....	0.510....	0.095....	4..	48 »
11....	0.480....	0.090....	8...	40 »
12....	0.450....	0.085....		»
13....	0.400....	0.085....	6...	27 »
14....	0.360....	0.105....	4..	23 »
15....	0.360....	0.100....	4..	25 »
16....	0.360....	0.075....	4..	18 »
17....	0.345....	0.075....	4..	18 »
18....	0.345....	0.070....	4..	10 »
19....	0.300....			
20....	0.260....	0.070....	6...	13 »
21....	0.220....			
22....	0.180....			

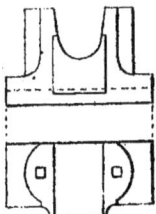

Roues de Cabrouet en fonte.

NUMÉROS	DIAMÈTRE	LARGEUR	BRAS	POIDS approximat.
1	0m600			
2	0.560			
3	0.530	0m120	6	60 k.
4	0.510	0.055	6	18 »
5	0.450			
6	0.400			
7	0.380	0.120	4	36 »
8	0.340	0.040	4	10 »
9	0.300	0.055	6	6 5
10	0.280			
11	0.250	0.057	pleine	10 »
12	0.245	0.060	»	8 »
13	0.220	0.070	»	6 »
14	0.210	0.040	4	3 »
15	0.205	0.075	pleine	6 »
16	0.205	0.055	»	5 »
17	0.200	0.070	»	9 »
18	0.190	0.040	4	2 »

Roues de Brouettes en fonte.

NUMÉROS	DIAMÈTRE	LARGEUR.	BRAS.	POIDS approximat.
1....	0m800...	0m050...	8...	30 k.
2....	0.750...			
3....	0.700...			
4....	0.680...	0.050...	8...	25 »
5....	0.650...			
6....	0.615...	0.040...	4...	13 »
7....	0.610...	0.040...	4...	13 »
8....	0.580...			
9....	0.550...			
10....	0.550...	0.050...	8...	13 »
11....	0.530...	0.047...	8...	13 »
12....	0.520...	0.050...	6...	5 5
13....	0.500...			
14....	0.475...	0.035...	6...	11 »
15....	0.470...	0.047...	4...	13 »
16....	0.470...	0.035...	6...	12 »
17....	0.470...	0.020...	6...	10 5
18....	0.445...	0.030...	6...	12 »
19....	0.435...	0.020...	6...	9 5
20....	0.430...	0.020...	6...	
21....	0.410...	0.018...	6...	4 »
22....	0.390...			
23....	0.365...	0.020...	6...	5 »
24....	0.360...	0.015...	6...	6 »
25....	0.320..			
26....	0.290...	0.015...	6...	2 5
27....	0.290...	0.010...	6...	2 3
28....	0.280...	0.015...	5...	2 5
29....	0 275...	0.015...	6...	2 »
30....	0.255...			
31....	0.235...	0.020...	4...	3 5
32....	0.200...			
33....	0.180...			
34....	0.160...			
35....	0.137...	0.070...	6...	0 5

Poulies cônes pour Courroies.

GRAND DIAMÈTRE.	PETIT DIAMÈTRE.	NOMBRE de	LARGEUR des

Nous fournirons les Poulies cônes, pour Courroies et pour Cordes, quelqu'en soient les dimensions et le nombre de gorges, en nous conformant aux plans qui nous seront remis.

Poulies cônes pour Cordes.

GRAND DIAMÈTRE.	PETIT DIAMÈTRE.	NOMBRE DE GORGES.	LARGEUR DES GORGES.

Les Poulies cônes, pour Courroies et pour Cordes, se font de toute dimension, d'après les plans de commande.

Cerceaux de Tambour.

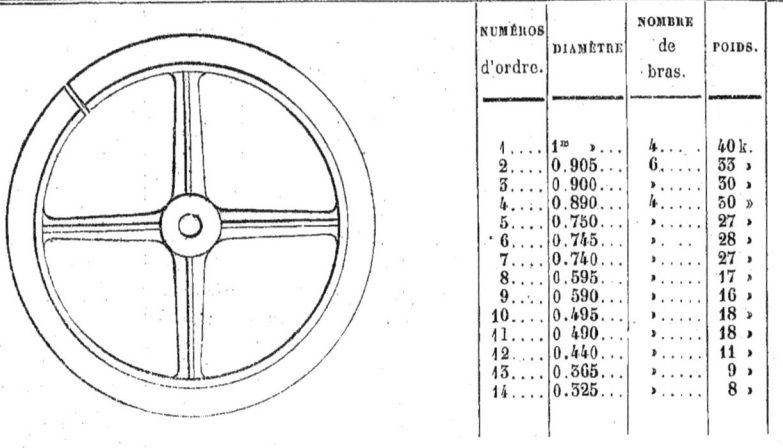

NUMÉROS d'ordre.	DIAMÈTRE	NOMBRE de bras.	POIDS.
1	1ᵐ »	4	40 k.
2	0.905	6	33 »
3	0.900	»	30 »
4	0.890	4	30 »
5	0.750	»	27 »
6	0.745	»	28 »
7	0.740	»	27 »
8	0.595	»	17 »
9	0 590	»	16 »
10	0.495	»	18 »
11	0 490	»	18 »
12	0.440	»	11 »
13	0.365	»	9 »
14	0.325	»	8 »

ROWCLIFFE-BARKER et FILS,

104, Rue d'Elbeuf, Rouen.

Tuyaux et raccords en fonte, de toutes dimensions et pour tous usages.

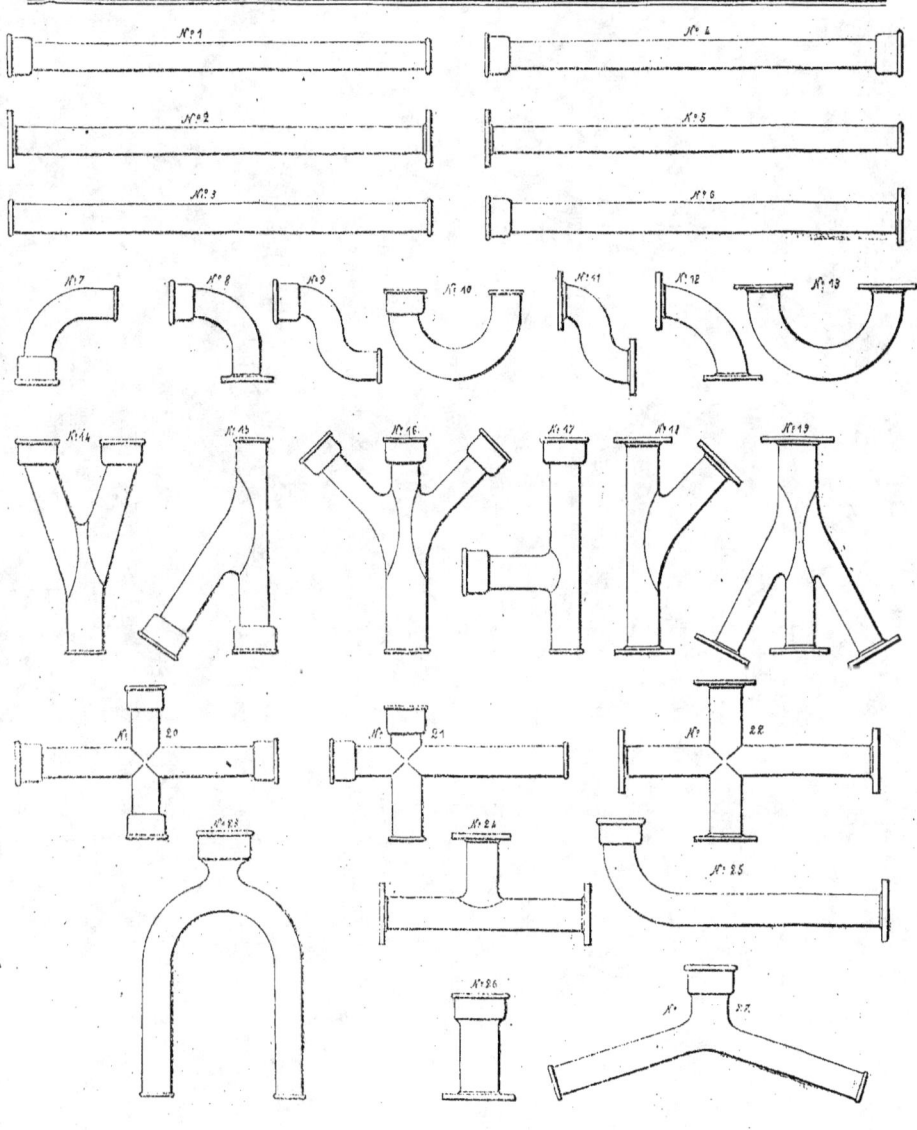

Pièces de Fourneau, Calorifères, Cendriers, Regards, Grilles, etc.

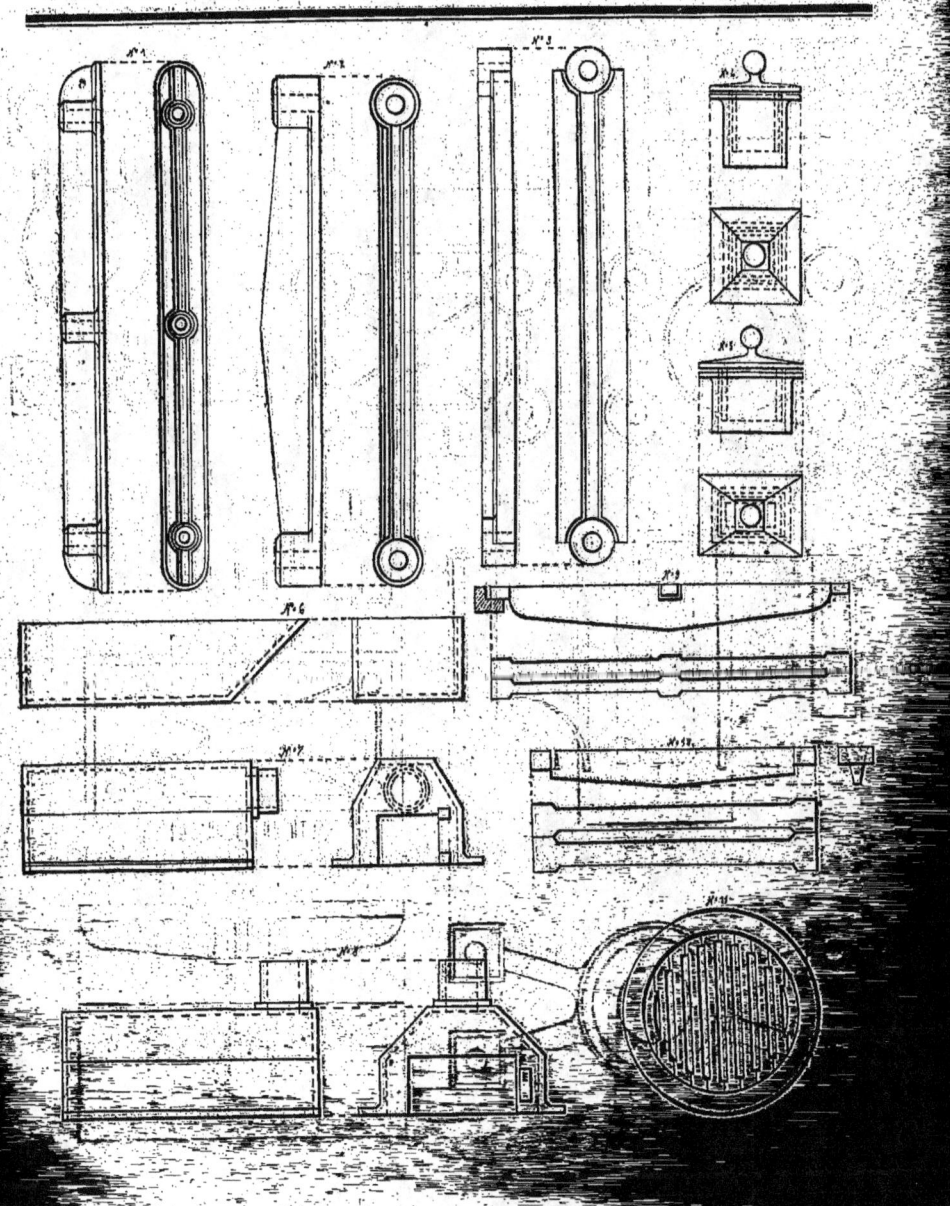

Presses hydrauliques. Cylindres, Chapeaux, Plateaux.

Appareils pour Huileries, Coffres de presses, Coins de serrage, etc.

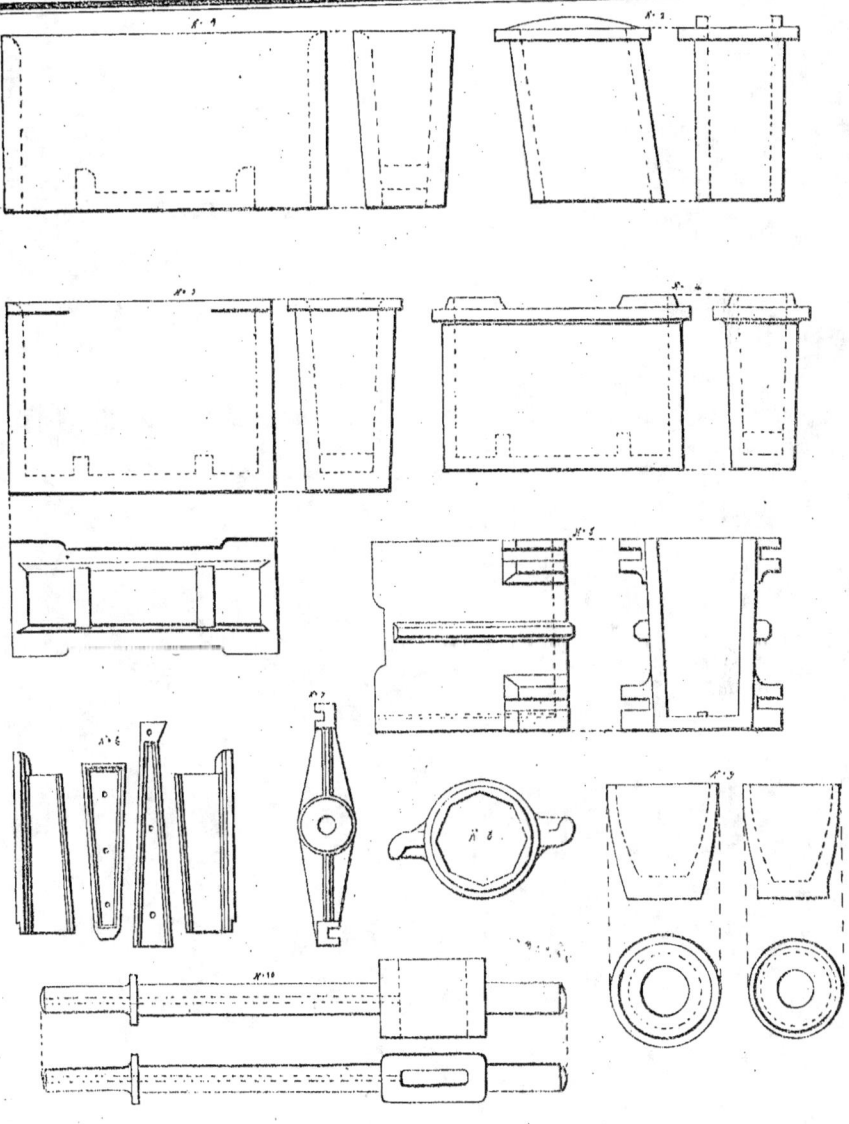

— 56 —
Trains de laminoirs à fer, tôle, cuivre, zinc, plomb, bois.

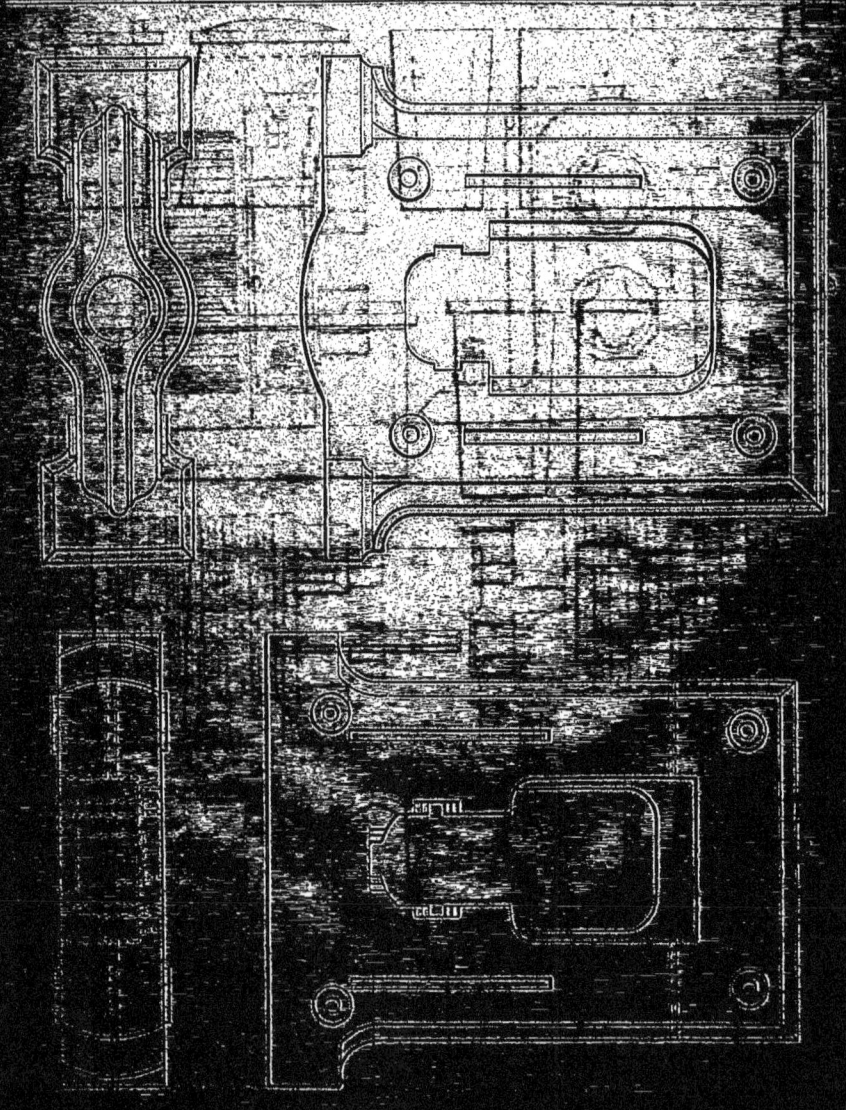

Trains de Laminoirs, Cages à pignons, Pignons, Cylindres.

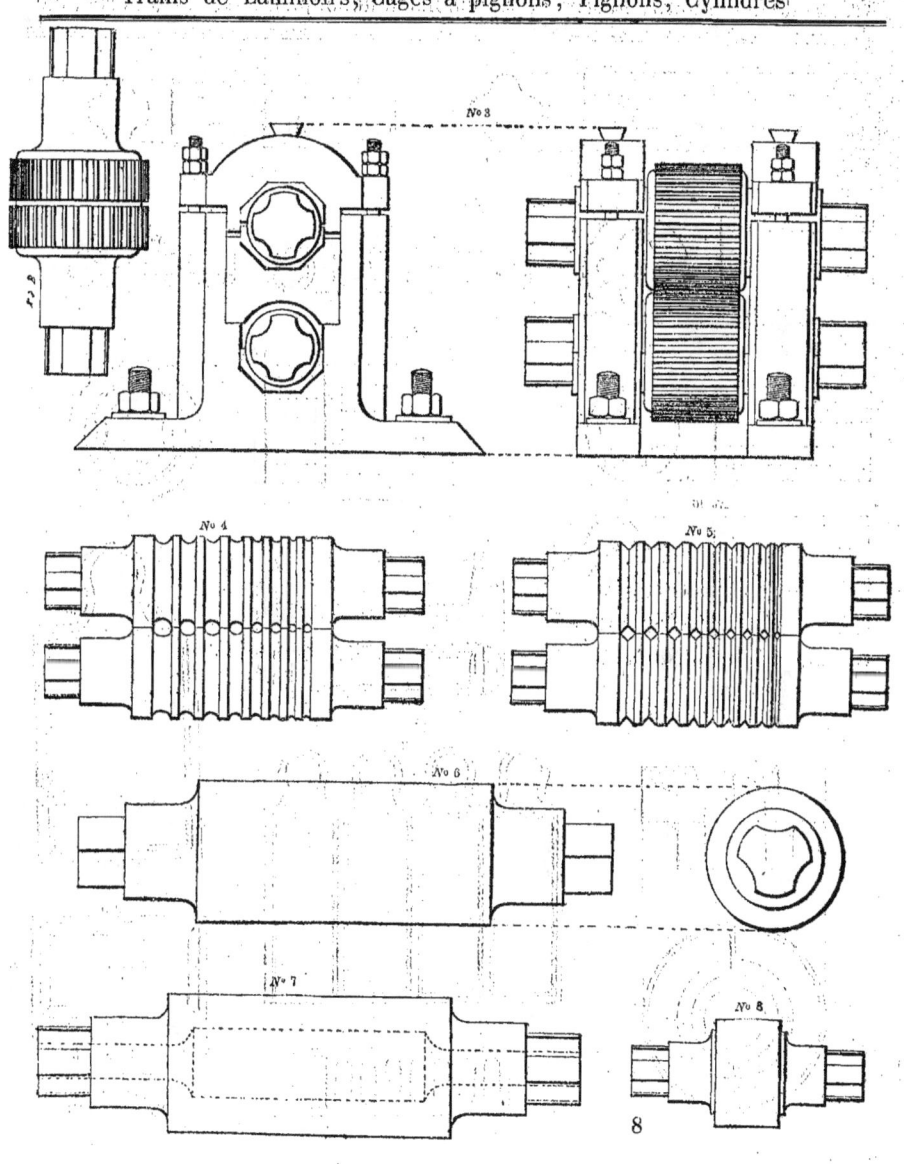

Trains de Laminoirs, Arbres et Manchons d'accouplement, Lingotières, etc.

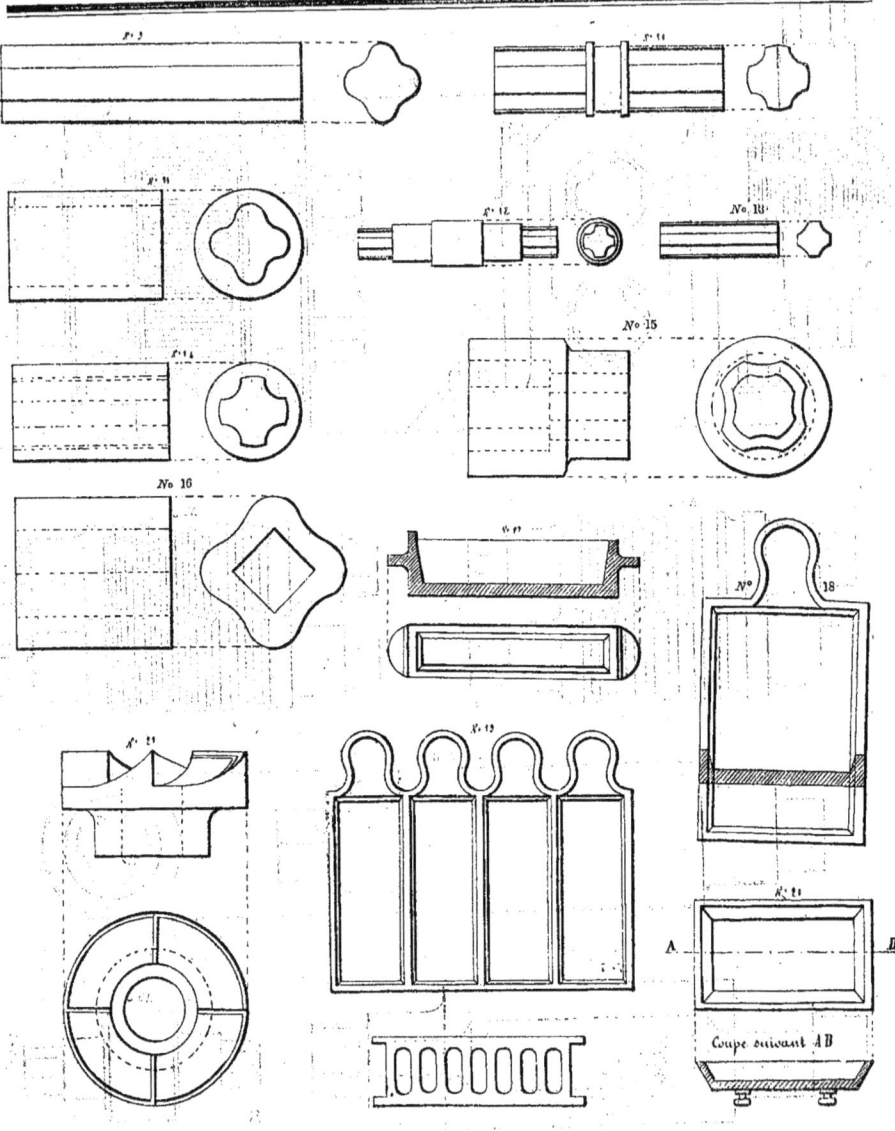

Colonnes et Pilastres

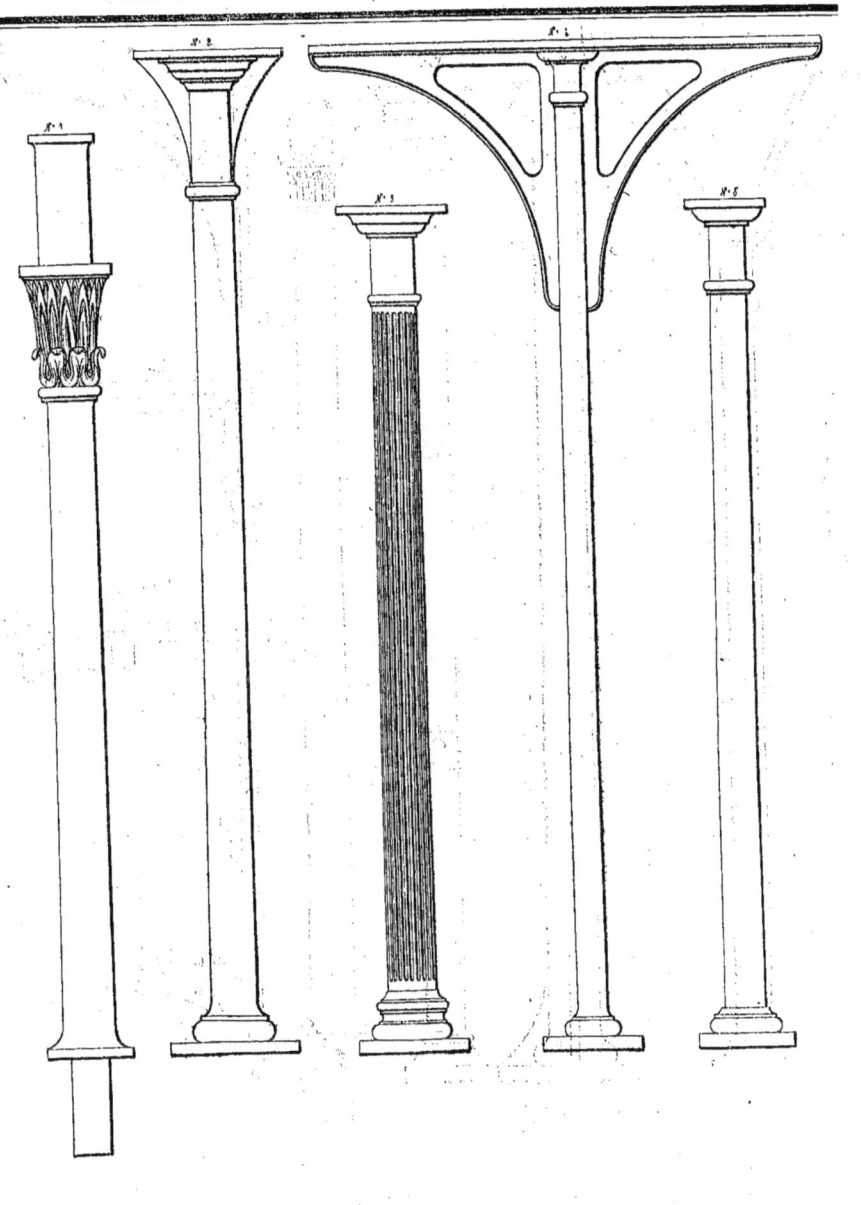

Colonnes, Pilastres et Équerres de toutes dimensions.

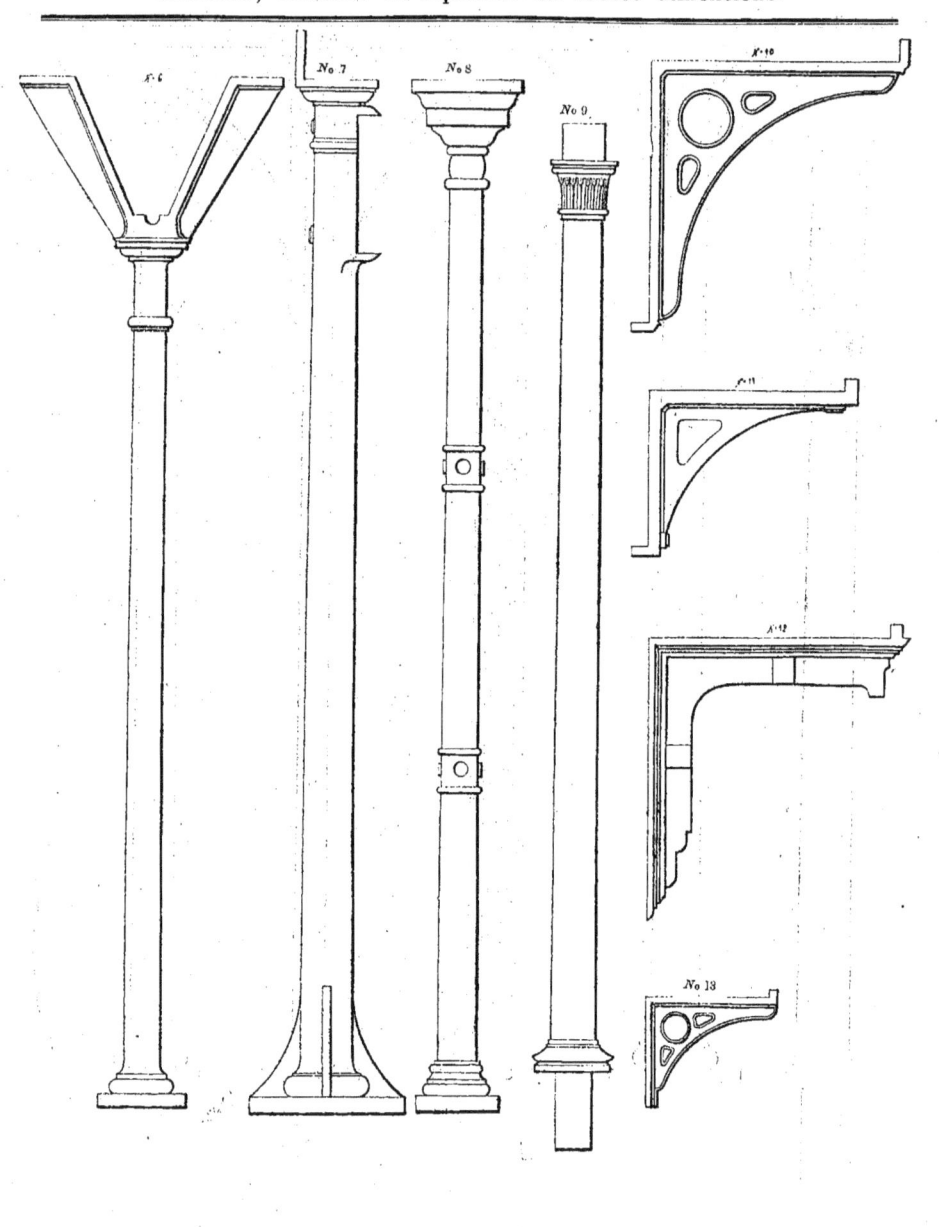

Appareils et Pièces détachées pour la marine.

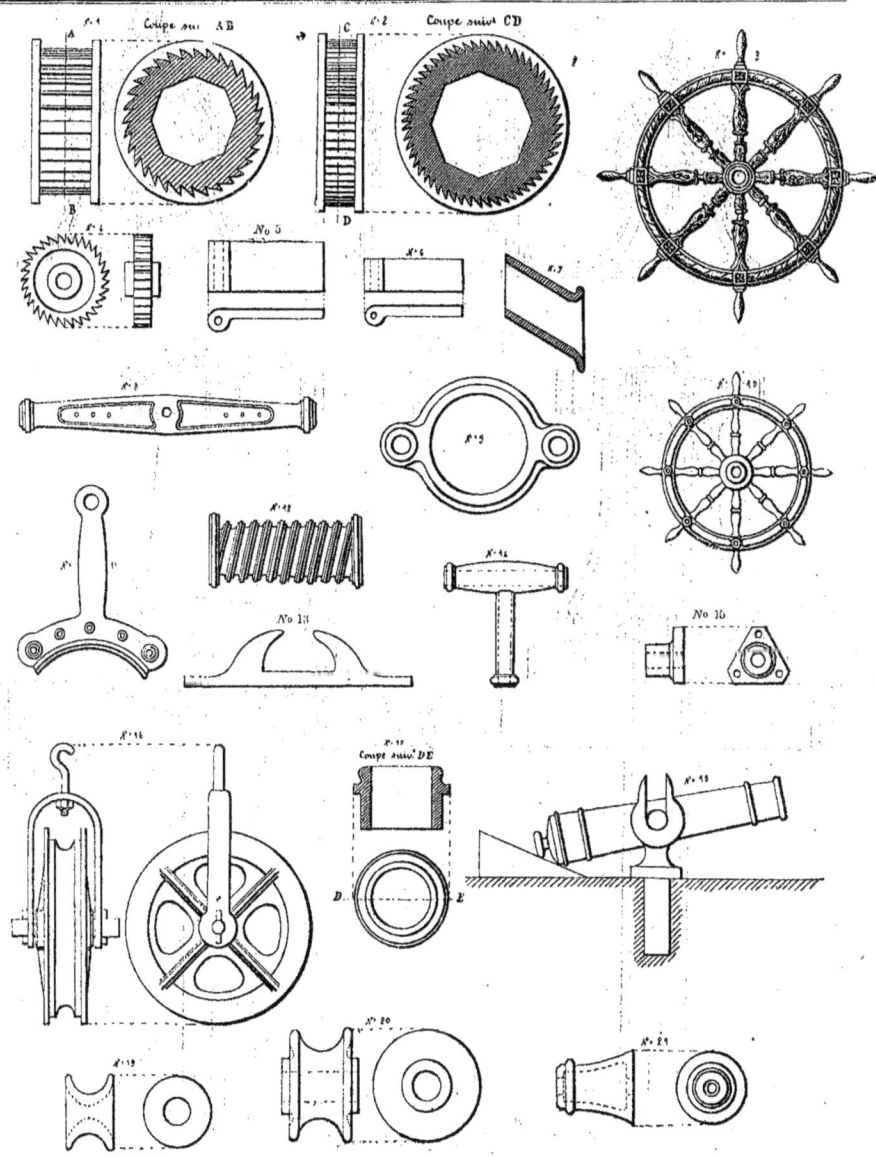

Treuils et Cabestans.

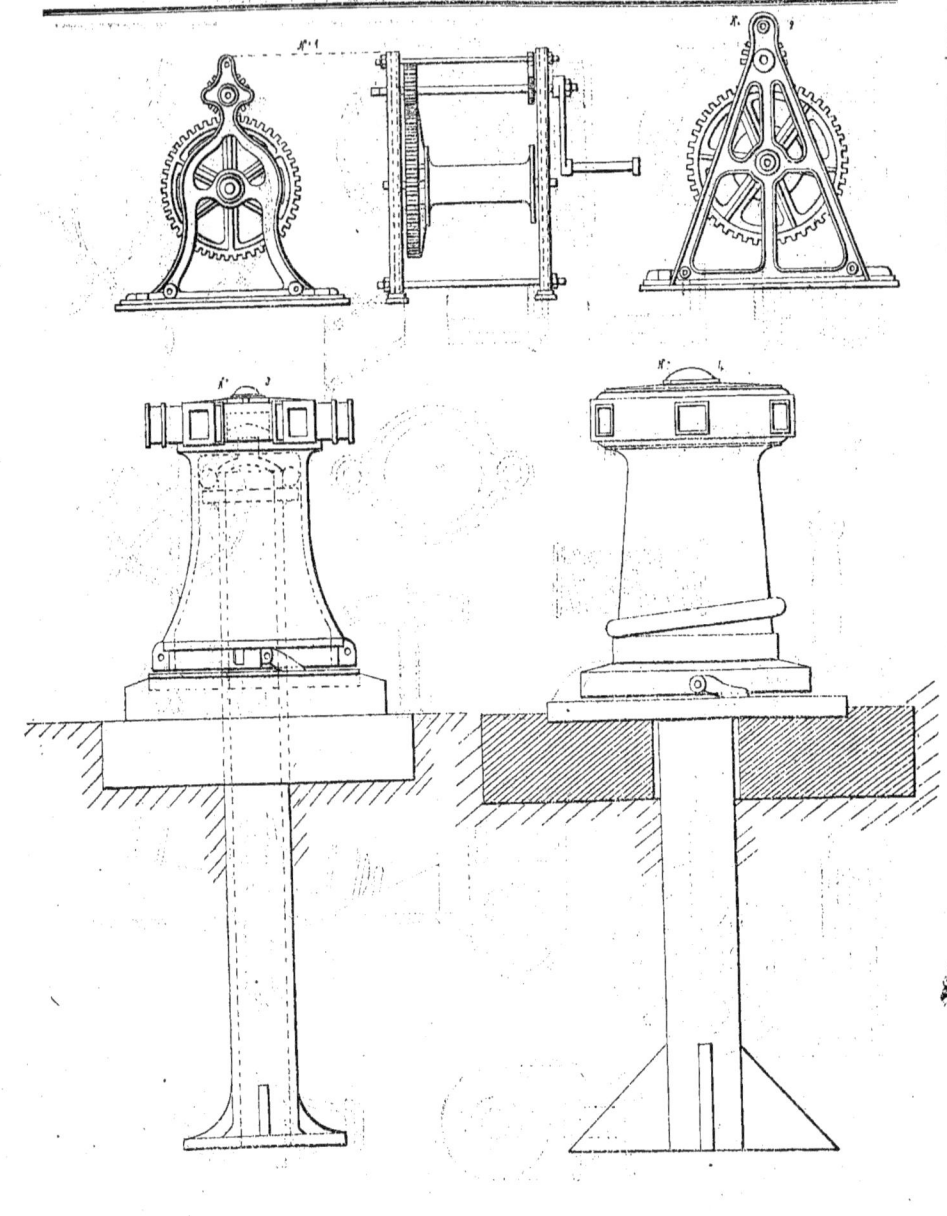

Grues d'atelier.

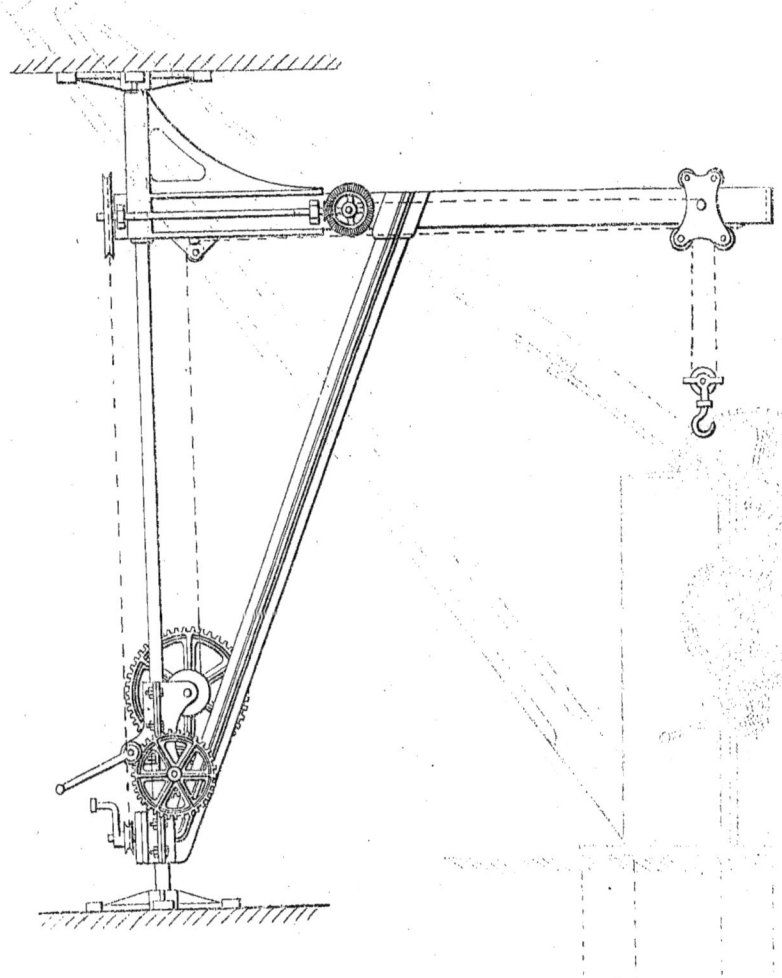

Grues fixes de Quai.

Grues fixes et Grues mobiles.

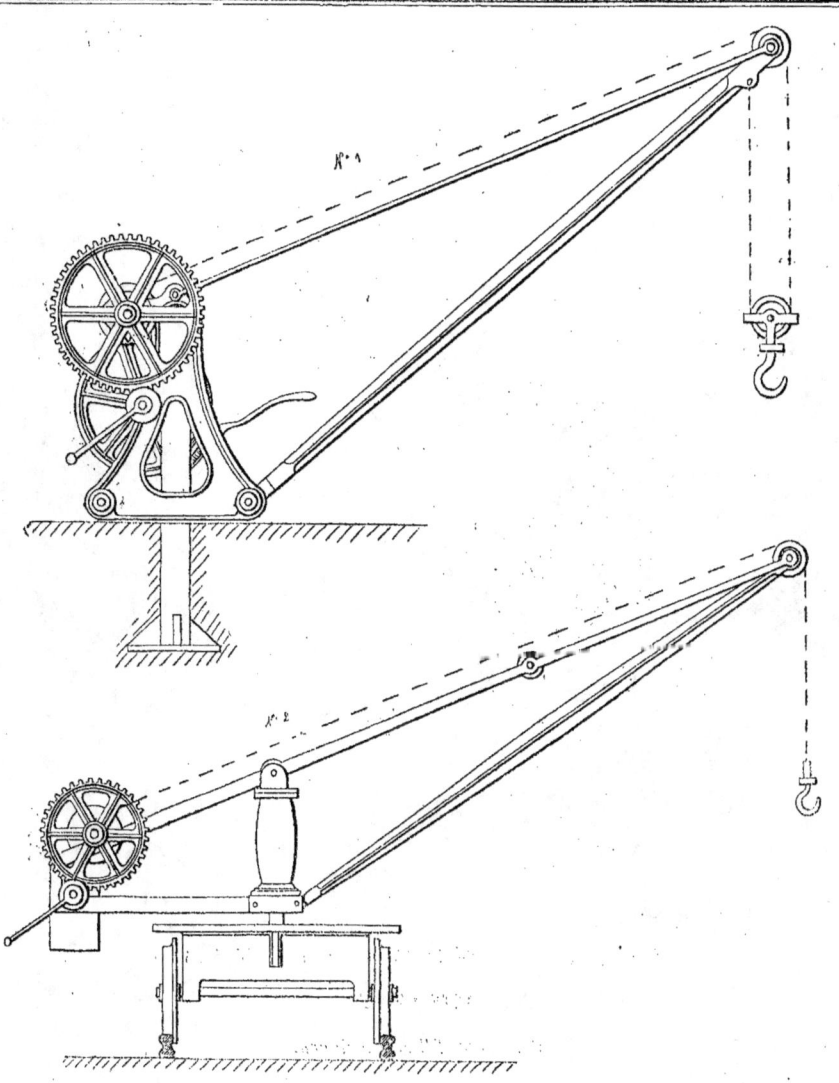

66

Grues fixes de Quai

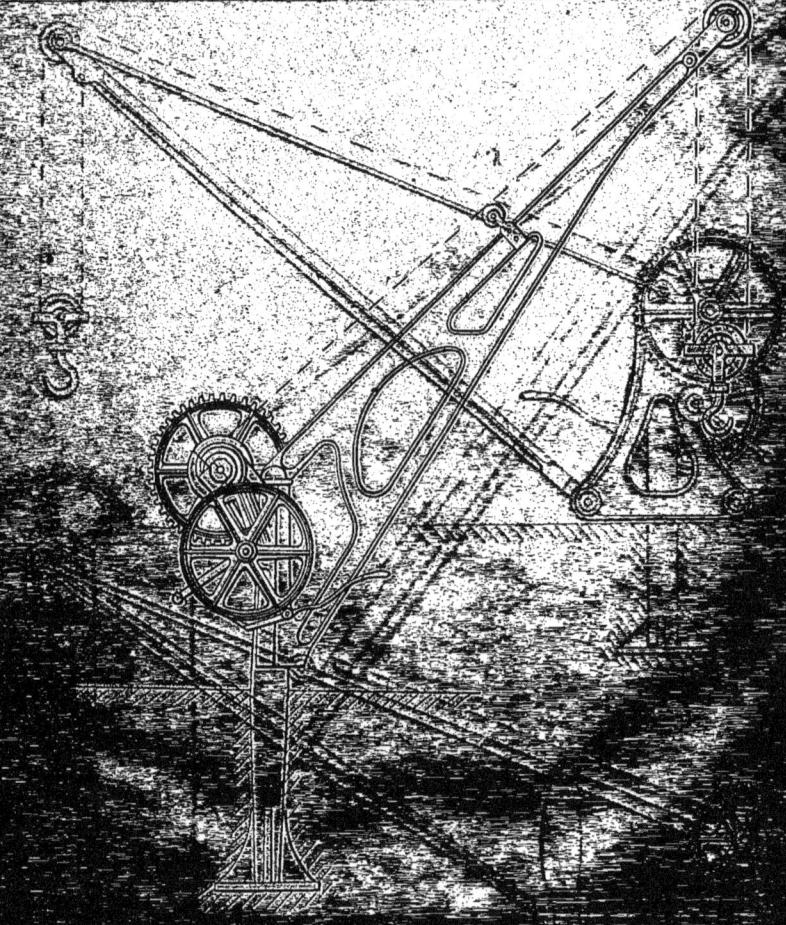

ROWCLIFFE BARKER et FILS
FONTE DE FER
Rue d'Elbeuf, Rouen.

Grues mobiles de Quai

Modèles pour Machines à vapeur, Balanciers, Bielles, Manivelles.

BALANCIERS.

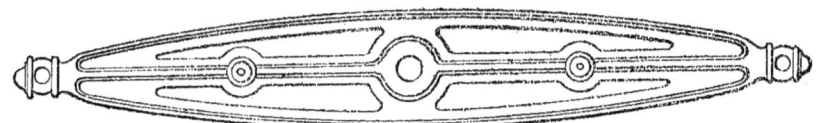

NUMÉROS d'ordre.	LONGUEUR d'axe en axe.	LARGEUR au milieu.	FORCE en chevaux.	NUMÉROS d'ordre.	LONGUEUR d'axe en axe.	LARGEUR au milieu.	FORCE en chevaux.
1	5m84	0m80	30 à 35	8	3m04	0m38	7
2	4.60	0.65	20 à 25	9	3.12	0.44	6
3	4.55	0.55	16 à 20	10	2.86	0 38	4 à 5
4	3.75	0.45	12 à 16	11	2.44	0.36	3
5	3.31	0.44	10 à 12	12	2.36	0.32	2
6	3.50	0.42	10	13	2.14	0.22	1
7	3.30	0.40	8	14	1.95	0.20	1

BIELLES.

NUMÉROS d'ordre.	LONGUEUR d'axe en axe.	LARGEUR au milieu.	FORCE en chevaux.	NUMÉROS d'ordre.	LONGUEUR d'axe en axe.	LARGEUR au milieu.	FORCE en chevaux.
1	4m75	0m50	30 à 35	6	3m »	0m19	8 à 12
2	3.90	0.25	25 à 28	7	2.72	0.16	6
3	3.40	0.25	16 à 20	8	2.33	0.17	3 à 5
4	3.20	0.20	14 à 16	9	1.96	0.15	1 à 3
5	3.06	0.20	12 à 14				

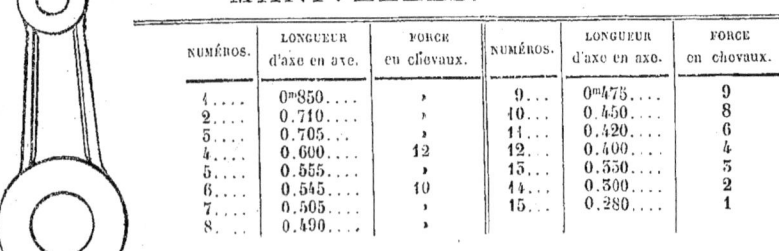

MANIVELLES.

NUMÉROS.	LONGUEUR d'axe en axe.	FORCE en chevaux.	NUMÉROS.	LONGUEUR d'axe en axe.	FORCE en chevaux.
1	0m850	»	9	0m475	9
2	0.710	»	10	0.450	8
3	0.705	»	11	0.420	6
4	0.600	12	12	0.400	4
5	0.555	»	13	0.330	3
6	0.545	10	14	0.300	2
7	0.505	»	15	0.280	1
8	0.490	»			

Modèles pour Machines à vapeur.

Entablements et leurs Colonnes.

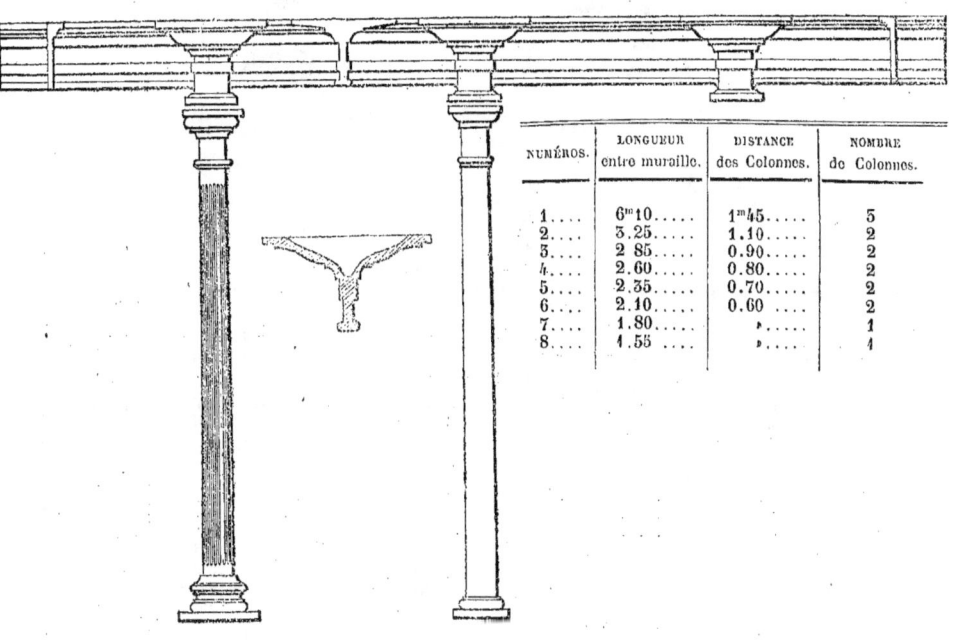

NUMÉROS.	LONGUEUR entre muraille.	DISTANCE des Colonnes.	NOMBRE de Colonnes.
1...	6m10.....	1m45.....	5
2...	3.25.....	1.10.....	2
3...	2.85.....	0.90.....	2
4...	2.60.....	0.80.....	2
5...	2.35.....	0.70.....	2
6...	2.10.....	0.60.....	2
7...	1.80.....	».....	1
8...	1.55.....	».....	1

Plaques de fondation.

NUMÉROS.	LONGUEUR.	LARGEUR.	FORCE.
1...	3m80...	1m60...	28 à 35
2...	3.15...	1.45...	23 à 28
3...	2.95...	1.07...	18 à 23
4...	2.70...	1. »...	16 à 18
5...	2.46...	0.98...	12 à 16
6...	2.31...	0.91...	10 à 12
7...	2.14...	0.87...	8 à 10
8...	2. »...	0.72...	6 à 8
9...	1.75...	0.70...	5 à 6
10...	1.60...	0.62...	5 à 5

(*) Tubes en fer étiré pour le gaz, la vapeur et l'eau, etc., etc.

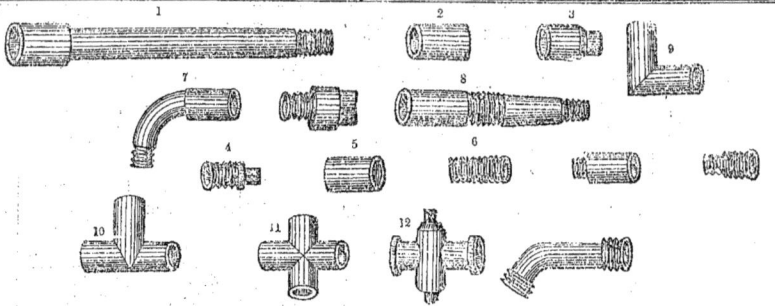

PRIX-COURANTS.

Numéros.	DÉSIGNATION DES PIÈCES.	Diamètres intérieurs et extérieurs des Tubes.								
		5 m/m. 10 m/m.	8 13	12 17	15 24	21 27	27 31	32 42	40 48	50 60	intérieur extérieur
1	Tubes de div. long. de 1m à 4m 50 taraudés et munis de manchons.	Fr. 0.80	Fr. 0.95	Fr. 0.99	Fr. 1.25	Fr. 1.55	Fr. 2.20	Fr. 3.20	Fr. 4.35	Fr. 6.25	le mètre
2	Manchon.	} 0.35	0.58	0.44	0.45	0.52	0.65	0.80	0.90	1.45	la pièce
3	Boîte à diminution (Vis intérieure).										
4	Bouchon à vis extérieure.										
5	d° d° intérieure.										
6	Mamelon.										
	Taraudage.										
7	Coude à angle droit.	0.60	0.73	0.80	1. »	1.30	1.65	2.15	2.50	3.95	d°
8	Longue vis.	0.55	0.60	0.65	0.72	0.83	0.98	1.55	2.10	3.25	d°
9	Boîte d'équerre à 2 branches Diamètres	0.55	0.60	0.64	0.75	1.05	1.40	1.80	2.30	3.50	d°
10	d° d° 3 d° égaux										
11	d° d° 4 d° ou inégaux	0.85	0.85	1.10	1.30	1.60	2.10	2.70	3. »	4.15	d°
12	Robinets.	2.20	2.50	2.40	2.90	3.60	4.70	8.50	11. »	17.50	d°

TUBES EN FER ÉTIRÉ soudés à recouvrements pour Chaudières à vapeur et Locomotives.

DIAMÈTRE extérieur.	ÉPAISSEUR.	POIDS DU MÈTRE	PRIX DU MÈTRE	DIAMÈTRE extérieur.	ÉPAISSEUR.	POIDS DU MÈTRE	PRIX DU MÈTRE
32 m/m.	2 m/m.	1 k. 50.	3 fr. 70	105 m/m.	4 m/m.	10 k. ».	17 fr. 50
35....	2....	1 70.	3 85	110....	4....	10 80.	17 80
40....	2 1/3..	2 15.	4 25	115....	4 1/4..	11 50.	19 60
45....	2 1/2..	2 70.	4 55	120....	4 1/4..	12 65.	21 10
50....	2 1/2..	3 30.	5 45	125....	4 1/4..	13 80.	22 35
55....	3.....	3 80.	6 20	150....	4 1/2..	14 72.	24 25
60....	3.....	4 55.	7 »	135....	4 1/2..	15 30.	24 50
65....	3.....	4 93.	7 10	140....	4 1/2..	15 90.	25 90
70....	3.....	5 20.	7 65	145....	4 1/2..	16 50.	28 10
75....	3 1/2..	6 40.	8 75	150....	4 1/2..	17 50.	31 40
80....	3 1/2..	6 86.	9 85	155....	5.....	19 ».	36 »
85....	3 1/2..	7 33.	10 10	160....	5.....	21 60.	36 65
90....	3 1/2..	7 66.	11 30	165....	5 1/2..	23 20.	42 20
95....	3 1/2..	8 50.	13 20	170....	6.....	24 80.	43 90
100....	3 2/3..	9 50.	15 10	175....	6.....	26 50.	50 90

(*) NOTA. — Lorsque les commandes de tubes n'indiqueront qu'un seul diamètre, ce diamètre sera présumé être le diamètre intérieur.
Les pièces de raccords se désignent par le diamètre des tubes auxquels elle s'adaptent.
Pour les Tubes de longueurs rigoureusement exactes, les taraudages seront comptés en sus. On peut fabriquer jusqu'à 152 m/m diamètre intérieur.

Tuyaux de tous diamètres et de toutes longueurs,

Éprouvés depuis 5 jusqu'à 10 atmosphères, pour Conduites d'eau, de Vapeur et de Gaz.

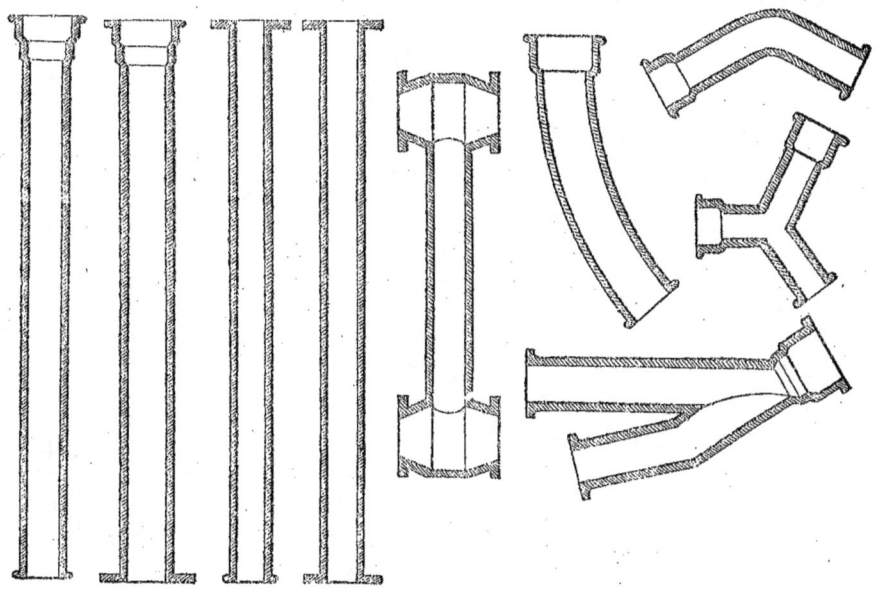

Prix courants approximatifs des tuyaux ordinaires pour conduites d'Eau, de Vapeur ou de Gaz, éprouvés depuis 5 jusqu'à 10 atmosphères.

DIAMÈTRES.	LONGUEURS UTILES.	POIDS.	PRIX DU MÈTRE.
0.040	1m23	9 k. 05	3 fr. 50 c.
0.054	2. »	13 »	4 60
0.064	2. »	18 »	6 50
0.080	2.50	21 »	7 »
0.108	2.50	29 »	9 15
0.120	2.50	35 »	11 20
0.135	2.50	42 »	13 20
0.162	2.50	50 »	15 »
0.190	2.50	63 »	18 90
0.200	2.50	72 »	21 70
0.216	2.50	82 »	24 60
0.250	2.50	91 »	27 30
0.270	2.50	105 »	31 50
0.300	2.50	126 »	37 80
0.350	3. »	140 »	42 »
0.400	3. »	190 »	57 »
0.500	3. »	259 »	78 »
0.600	3. »	336 »	100 80
0.850	3. »	540 »	162 »

NOTA. — Comme pose, et égard à la disposition des emboîtements, ces tuyaux sont plus économiques que tout autre système, à cause de l'économie du plomb employé pour joints.
Les raccords se font de toutes formes et de tous diamètres suivant les besoins.

Fontes pour foyers de Machines,
Caloriféres, Appareils de fumisterie, Cloches et Cylindres.

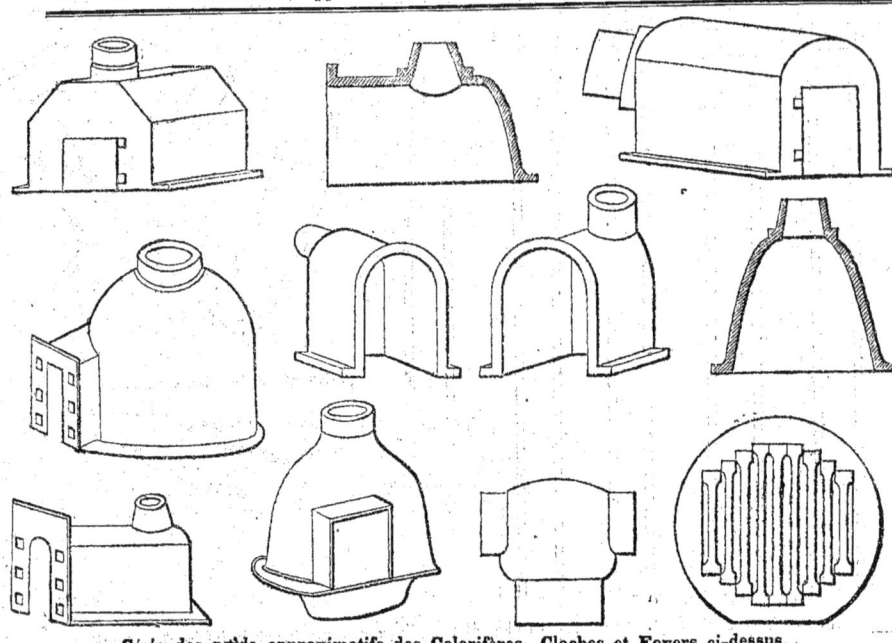

Série des poids approximatifs des Caloriféres, Cloches et Foyers ci-dessus.

CALORIFÈRES A.		CLOCHES B.		FOYERS.	
Diamètres.	Poids	Diamètres.	Poids.	Diamètres.	Poids.
1m500	1250 k.	1m500	1150 k.	1m300	138 k.
1.400	1155	1.250	1010	1.200	126
1.350	980	1.200	890	1.100	114
1.300	850	1.150	850	1. »	105
1.250	730	1.100	795	0.900	96
1.100	640	1.050	740	0.800	85
1.050	580	1. »	685	0.700	78
0.900	450	0.950	610	0.600	70
0.850	390	0.900	555	0.550	62
0.800	285	0.850	500	0.500	53
0.700	205	0.800	456	0.450	46
0.600	120	0.750	310	0.400	39
0.500	90	0.700	270	0.350	31
0.400	65	0.650	230	0.300	26
0.300	50	0.600	220	0.250	19
0.250	50	0.550	195	0.200	
0.200	»	0.500	150		
0.150	»	0.450	128		
0.100	»	0.400	95		

Articles pour Bâtiments, Tuyaux de descente, Raccords divers, Plaques pour seuils de toutes dimensions.

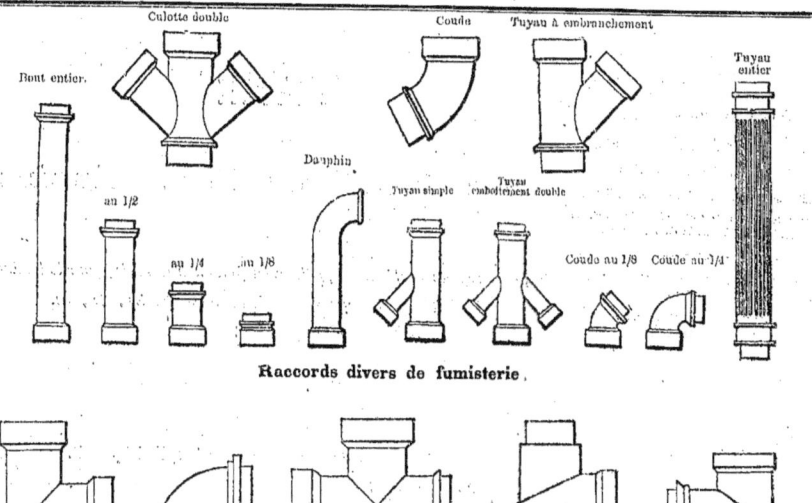

Raccords divers de fumisterie.

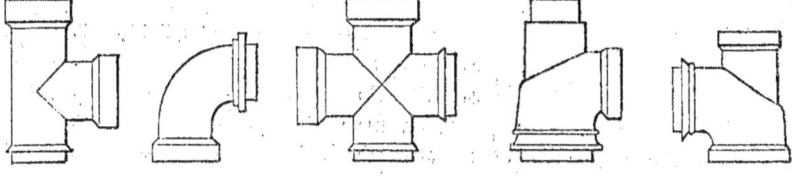

Poids approximatifs des Tuyaux de descente.

DÉSIGNATION des Tuyaux.	1 POUCE OU 0,027		2 POUCES OU 0,054		3 POUCES OU 0,081		4 POUCES OU 0,110		5 POUCES OU 0,135		6 POUCES OU 0,160		7 POUCES OU 0,190	
	Longueur	Poids	Longueur	Poids	Longueur	Poids	Longueur	Poids	Longueur	Poids	Longueur	Poids	Longueur	Poids
Tuyaux entiers..	1. »	4. »	1. »	6. »	1. »	9. »	1. »	12.50	1. »	16.50	1. »	20. »	1. »	25.80
Demi-bouts.....	0.65	2.50	0.65	4.50	0.65	7.20	0.65	8.50	0.65	11.50	0.65	12.50	0.65	15. »
Quart-bouts....	0.33	1.50	0.32	2.25	0.32	3.70	0.32	5.20	0.32	6.10	0.32	7.60	0.32	10. »
Huitièmes-bouts.	0.17	0.75	0.16	2. »	0.16	1.90	0.16	2.80	0.16	3.90	0.16	4.50	0.16	5.50
Coudes 1/4.....	»	1.40	»	1.50	»	3.50	»	5. »	»	6.50	»	9.50	»	12.50
Coudes 1/8.....	»	1. »	»	1.20	»	3. »	»	4. »	»	5. »	»	6.50	»	8. »
Dauphins.......	0.45	2.50	0.54	4.50	0.54	7.20	0.54	10.30	0.54	13. »	0.54	16. »	0.54	25. »
Tuyaux simples..	»	»	0.20	3. »	0.50	5. »	0.55	7.50	0.55	11. »	0.55	12. »	0.60	31. »

Plaques pour tous usages et bâtiments, voir la classification des poids portés ci-dessous par mètre courant.

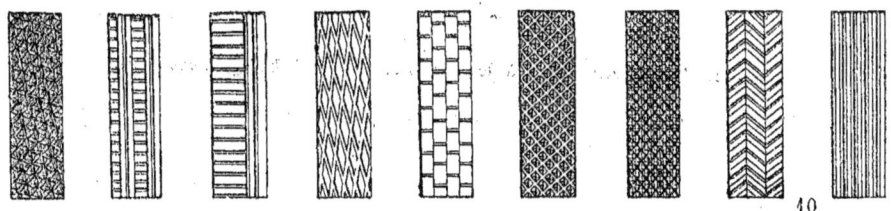

MODÈLES DE TOUTES ESPÈCES
Pour Laminoirs et Forges.
Cisailles à levier et à couteaux circulaires
De DE DIFFÉRENTS SYSTÈMES
GRUES ROULANTES ET FIXES POUR ATELIERS
Plaques tournantes de toutes dimensions pour le service des voies ferrées dans les Usines.

Ventilateurs anglais breveté à aubes circulaires
POUR FONDERIES ET FORGES.

TARIF

Des Cylindres de Laminoirs

En fonte trempée coulée en coquille et en fonte non trempée, pour le laminage des Métaux, du Caoutchouc, de la Gutta-Percha, etc., etc.

Cylindres tournés fondus en coquille....	de 10 à 20 kilogrammes tournés cylindriques	F.	°/₀ k.
	de 21 à 50 — — —	F.	°/₀ k.
	de 51 à 100 — — —	F.	°/₀ k.
	de 101 à 200 — — —	F.	°/₀ k.
	de 201 à 300 — — —	F.	°/₀ k.
	de 301 à 500 — — —	F.	°/₀ k.
	de 501 à 1000 — — —	F.	°/₀ k.
	de 1001 à 2000 — — —	F.	°/₀ k.
	de 2001 à 3000 — — —	F.	°/₀ k.
Cylindres non trempés coulés en sable, fonte à grain très serré........	de 100 à 500 kilogrammes tournés cylindriques	F.	°/₀ k.
	de 501 à 1000 — — —	F.	°/₀ k.
	de 1001 à 2000 — — —	F.	°/₀ k.
	de 2001 à 3000 — — —	F.	°/₀ k.

Cylindres creux pour Caoutchouc.......... Prix variable suivant les dimensions.

Livraison dans Rouen, valeur à deux mois et **1** 0/0. Emballage à vos frais.

TABLE DES MATIÈRES.

A

	FOLIOS
Appareils pour huileries.	55.
Appareils pour laminoirs.	56, 57, 58 et 74.
Appareils pour la marine	61 et 62.
Articles pour bâtiments.	59, 60 et 73.

B

Balanciers de machines à vapeur.	68.
Barreaux.	72.
Bâtiments (articles de)	59, 60 et 73.
Bielles de machines à vapeur	68.
Boîtes d'embrayage	36 à 39.

C

Cabestans	62.
Calorifères	72.
Canivaux	73.
Cendriers	53.
Cerceaux de tambour.	50.
Chaises en fonte	30 à 34.
Colonnes et pilastres.	59 et 60.
Colonnes de machines à vapeur.	69.
Coussinets d'essieux	46.
Crémaillères.	20.
Cylindres de laminoirs (tarif).	74.

D

	FOLIOS
Devantures de fourneau.	52.

E

Engrenages.	1 à 20.
Entablements	69.

O

Grues fixes et mobiles | 63 à 67.

H

Huileries.	55.

L

Laminoirs	56, 57, 58 et 74.

M

Machines à vapeur.	68 et 69.
Manchons d'accouplement	40.
Manivelles.	68.
Marine	61 et 62.

Table des Matières (Suite).

P

	FOLIOS
Paliers	24 à 29.
Pièces de fourneau.	52, 53 et 72.
Pilastres.	59 et 60.
Plaques cannelées.	73.
Plaques de fondation.	69.
Pots à feu	72.
Poulies à gorge pour chaînes . .	45.
Poulies à gorge pour cordes . .	44.
Poulies droites.	23.
Poulies pommes de pin pour courroies et pour cordes	49.
Presses hydrauliques.	54.
Presses à huile.	55.

R

Raccords de tuyaux	71.
Rochets en fonte	22.
Roues de brouettes	48.
Roues de cabrouets	47.
Roues de wagons.	46.
Roues d'angle à dents en bois . .	14 et 15.
Roues d'angle à dents en fonte. .	18 et 19.
Roues d'angle à dents de fonte, à 45°.	16 et 17.
Roues droites à alvéoles. . . .	1.
Roues droites, dentures en fonte, à tailler.	2 à 5.
Roues droites, fonte contre fonte.	5 à 13.
Roues pour vis sans fin. . . .	21.

S

	FOLIOS
Segments dentés	20.
Supports d'arbres verticaux. . .	35.

T

Tarifs de cylindres.	74.
Tourillons d'arbres hydrauliques.	41.
Tourteaux de roues hydrauliques.	42.
Transmissions de mouvements. .	1 à 45.
Treuils et cabestans	62.
Tubes en fer étiré pour le gaz, la vapeur et l'eau.	70.
Tubes en fer, soudés à recouvrements, pour chaudières à vapeur.	70.
Tuyaux de descente	73.
Tuyaux et raccords en fonte, de tous diamètres et de toutes longueurs.	51 et 71.

V

Vis sans fin.	21.
Volants	43.

ROWCLIFFE-BARKER et FILS,

FONTE DE FER

104, Rue d'Elbeuf, Rouen.

PIÈCES NON PORTÉES SUR LE CATALOGUE.

1° PIÈCES ET APPAREILS DIVERS.

SAVOIR :

Boîtes de murailles.
Boîtes de roues.
Grilles, regards et plaques d'égout.
Poids à peser.
Tuyères avec leurs plaques.
Escaliers en fonte et fer.
Planchers et combles métalliques.
Ponts et passerelles.

2° APPAREILS POUR PRODUITS CHIMIQUES.

SAVOIR :

Armatures de fourneau.
Barreaux de fourneau.
Bassins.
Chaudières.
Cornues et cylindres avec leurs tampons.
Cuves.
Meules et moulins à écraser.
Pots à calciner.

3° ARTICLES DE BATIMENTS.

SAVOIR :

Bancs et chaises en fonte.
Carrières et grilles.
Calorifères et cloches.
Candélabres et consoles.
Chasse-roues.
Cheminées et grilles de foyer.
Colonnes pleines et unies.
Colonnes creuses et ornées.
Escaliers.
Fourneaux.
Gratte-pieds.
Plaques de parquet ornées.
Plaques de cheminées.
Plaques unies.
Tuyaux de descente et raccords.

4° MACHINES, OUTILS.

SAVOIR :

Augets de meules.
Cisailles circulaires et à levier.
Machines à raboter, bancs, plateaux, etc.
Tours, bancs, poupées, plateaux, engrenages pour le mouvement.

5° USINES A GAZ.

SAVOIR :

Barillets d'hydraulique.
Candélabres pour voies publiques et propriétés particulières.
Consoles pour lanternes.
Cendriers de fourneau.
Devantures et portes de four.
Colonnes à coke (scrubbers).
Colonnes, poulies, contre-poids de gazomètres.
Condenseurs.
Cornues (têtes et masques).
Coudes, embranchements, tuyaux, manchons, etc.
Epurateurs (purificateurs).
Extracteurs de pression.
Régulateurs de pression.
Registres.
Syphons.
Valves sèches et hydrauliques.